メンバーが勝手に動く

最高のチームをつくる

プレイングマネジャーの基本

伊庭正康

Iba Masayasu

かんき出版

はじめに

本書は、「プレイングマネジャー」の仕事を、劇的にラクにすると同時に、チーム全体で成果を上げるためのノウハウを紹介する本です。

なぜ、「マネジャー」や「リーダー」ではなく、「プレイングマネジャー」なのか。
それは、一般的に「マネジャー」「リーダー」と呼ばれる、経営者や上級管理職など、マネジメント専業の仕事と、プレイングマネジャーの仕事との間には、本質的な違いがあるからです。

プレイングマネジャーは、専任マネジャーとは違い、自身の業務と部下マネジメントの両方を行わなければなりません。
そのため、専業のマネジャー向けのノウハウを伝えても、やることが増えるばかりで、よけいに忙しくなってしまいます。

なぜ、そんなことが言えるのか。
それは、私自身がこの事実を痛感した1人だからです。

・つねに忙しくて、時間に追われている
・細かく指示を出さないと部下が動いてくれない
・仕事を任せたくても部下が育たない
・残業が禁止されているうえ、誰も手伝ってくれないので仕事を家に持ち帰る
・ストレスが溜まって胃が痛い。疲れる

これは、かつてプレイングマネジャーになりたてだったころの私が抱えていた悩みです。

現在私は研修講師として働いていますが、かつては、リクルートの求人広告部門で営業マネジャーをしていました。

プレイヤーとしての業務とマネジメント業務の両立は、思った以上に大変でした。

部下に仕事を任せようと思っても、任せられる人材がいない。

とはいえ、自分の目標数字だけでなく、チーム全体の数字も課せられているため、つねに自分自身が最前線で営業活動をする。

その結果、部下とのコミュニケーションが希薄になり、部下から「もっと、関心を

持ってほしい」というクレームが出る。

また、「自分がやったほうが早い」と、なかなか部下に業務を引き継がず、結果的に「おいしい仕事」を独り占めしてしまったという、あり得ない失敗もあります。挙句の果てには、周囲から「伊庭はマネジメントに関心がないのではないか」と揶揄される始末……。

「結果を出したい」。その一心で必死に仕事をしているはずなのに、頑張れば頑張るほど空回りする。

このままでは、これ以上大きな組織をマネジメントできない……。
目先の仕事を処理するだけで、本当にやりたいことがまったくできない……。
これでは、部下は仕事がつまらないだろうし、離れていってしまうかも……。
だとするなら、やり方を変えなければ……。

私がマネジメントに関する本を読み漁っていたのもこのころです。しかし、いくら「リーダーシップ」や「部下育成」「チームマネジメント」の本を読んでも、やることが増えるばかりで、一向に仕事がラクになりませんでした。

なぜなら、当時私が読んでいたのは、専任マネジャーのためのノウハウ書ばかり。**マネジメント業務に加え、個人の成果も求められるプレイングマネジャーが同じことをしようとしても、そもそもできるはずがなかったのです。**

それに気づいた私は、プレイングマネジャーのための働き方のノウハウを自分なりにつくり出す決心をしました。

チームマネジメントだけでなく、時間管理、コミュニケーション、ティーチング、エンパワーメント（権限移譲）……、さまざまなメソッドを掛け合わせ試行錯誤するうちに、少しずつチームの状態が上向き、業績が上がるようになってきました。

さらに、私個人の業務を部下に任せられるようになったことで、自分自身をラクにすることもできました。最終的に、部下の力だけで好業績を出せるようになったのです。つまり、「**自分がいなくてもメンバーが勝手に動く最高のチーム**」をつくることに成功したのです。

今では、そのノウハウを、大手企業を中心に研修プログラムとして提供し、これまでに1万2000人を超えるプレイングマネジャーに教えてきました。

ちなみに、この研修のリピート率は95％。たくさんのプレイングマネジャーから、「仕事が劇的にラクになった」「マネジメントに対する不安がなくなった」「チーム全体で成果を上げられるようになった」といううれしい反響をいただいています。

本書では、そのノウハウを、あなたご自身で実践できるようカスタマイズして紹介していきます。

さらに、巻末には「特別付録」として、プレイングマネジャーが覚えておきたいスピードアップ仕事術（音速仕事術）を収録。ここでは、私がこれまで実施した研修で紹介し、最も反響の大きかったｔｉｐｓを7つ紹介しています。

「足し算」で考えると手間が増え、「掛け算」で考えると新しい価値が生まれる。

これは、どんな仕事にも当てはまる絶対的な法則です。

足し算思考のプレイングマネジャーは、「マネジメント業務に加えて個人の業務もしなければ」と考えるので、どこまでいっても「時間が足りない」「忙しい」という状況から抜け出せません。

一方、掛け算思考の人は、「マネジメント業務と個人の業務を掛け合わせれば、効率が上がるのではないか」と考えるので、時間の問題や忙しさから解放されます。

そのうえ、自身の仕事をできるだけ部下に任せようとするので、自身がラクになると同時に、部下がより早く育つようになります。その結果、加速度的に成果が上がるようになるのです。

事実、日本の課長職の99・2%が、プレイングマネジャーだと言われています。

そして、そのうちの60%が**「プレイヤーとしての業務活動が、マネジメント業務に支障をきたしている」**と回答しているのです（産業能率大学・「上場企業の課長に関する実態調査」２０１８年）。

私自身も、研修講師として登壇する際、休憩時間に電話やメールに追われ、トイレにいく時間すらない、というプレイングマネジャーを数多く見てきました。

そんな彼ら、彼女らの仕事を少しでもラクにしたい。この本は、そんな思いを込めて執筆しました。

本書を読み進めながら、ぜひ、掛け算思考で物事を考えられるようになってください。

きっと、部下の成長が加速し、あなたがいなくてもメンバーが勝手に動く、最高の自主運営のチームをつくることができるはずです。

研修トレーナー　株式会社らしさラボ　代表取締役　伊庭正康

はじめに……3

序章

最高のチームをつくるプレイングマネジャーの5つの心得

第1章

誰にでも不安なく引き継げる仕事の任せ方

第2章

いちいち言わなくても勝手にメンバーが動く仕組みのつくり方

第3章

無駄を削減し、効率を上げるチームの仕事の減らし方

第4章 あなたがいなくても仕事がまわるチームのまとめ方

第5章

部下の主体性とやる気が高まるプレイングマネジャーの考え方

特別付録

覚えておきたい！プレイングマネジャーのための音速仕事術

装幀　小口翔平＋山之口正和（tobufune）
本文デザイン・図版　荒井雅美（トモエキコウ）
DTP　野中賢（株式会社システムタンク）

序章

最高のチームをつくる
プレイング
マネジャーの5つの心得

心得1

「自分でやってしまいたい」を捨てる

実績がある人ほど、要注意

本書では、プレイングマネジャーの仕事をラクにすると同時に、チーム全体で成果を上げるためのさまざまなノウハウを解説していきますが、その前にあなたの意識を変えるための5つの心得をお伝えします。

「はじめに」でも触れましたが、プレイングマネジャーの仕事と、いわゆるリーダーの仕事とはまったくの別物だからです。

あなたは、自分のプレイヤーとしての業務について、少なからず自信を持っているのではないでしょうか。そんな、プレイヤーとして結果を残してきたマネジャーほど、気をつけなければならないことがあります。

それは、「自分でやってしまいたい衝動」に駆られやすいことです。私はこれをプレイングマネジャーが陥りやすい、「自分でやりたい中毒」と呼んでいます。

この衝動こそが、「いつも忙しい」「部下が育たない」という、あなたを悩ませる問題を引き起こす元凶なのです。

じつは、かつての私もそうでした。

当時の私は、取引額の大きい顧客を担当しながらマネジャー業務をしていました。周囲は自身の仕事に忙殺されている私を見て、「仕事を部下に引き継いだほうがいい」とアドバイスしてくれていました。しかし、私は耳を貸そうとしませんでした。「まだ、彼には早い。自分の業務を部下に引き継ぐタイミングではない」と。

でも、本心は違いました。**本当は、プレイヤーとしての業務を「自分の魅せ場」だと思い込み、なかなか手放せずにいたのです。**

お恥ずかしい話ですが、私の「自分でやりたい中毒」はかなりのもので、部署を異動したあとも、「私を担当から外さないほうがいい」と上司に提言し、異動先でもそのお客様を担当するという、組織のルールまで変えてしまう始末。

部下に仕事を任せることをせず、すべて自分で抱え込んでいましたので、つねに時間に追われ、いつもストレスと疲労でフラフラでした。

あるとき、部下から次のように苦言を呈されました。

「もう少し面倒見てくださいよ！　伊庭さんは自分のことしか考えていないでしょ」

何も言い返すことができませんでした。実際そのとおりでしたし、私自身、マネジメント業務に手がまわっていないという自覚があったからです。私はこの言葉がきっかけで、「自分でやりたい」という気持ちを捨てようと決心しました。

「部下の力を借りる」と決めてしまう

そこで、私が最初にしたことは、「部下の力を借りる」と決めたことでした。こう意識を変えただけで、仕事がうまくまわりはじめ、少しずつラクになっていきました。

じつは、プレイングマネジャーが抱える問題のほとんどは、「自分でやりたい」という衝動を抑えることさえできれば解決します。これは、私自身の経験だけでなく、研修講師として、これまで数多くの職場を観察して確信したことです。

少し、考えてみましょう。あなたは、次のような悩みを抱えていないでしょうか。

・いちいち指示を出さないと、部下が動いてくれない
・部下がミスを恐れて、なかなか挑戦しようとしない
・業務を引き継ぎたくても、部下が育たない
・残業を減らしたいが、誰も業務効率化について本気で考えてくれない
・誰も手伝ってくれないので、仕事を持ち帰ることがある

「はじめに」でもお伝えしましたが、これは、かつての私も抱えていたジレンマです。

これらの問題が、部下の力を借りると決めたことで、いっきに解決に近づいたのです。

プレイングマネジャーは、なんでも自分でやろうとしがち。

しかし、それはプレイヤーの発想。マネジャーの発想に切り替えねばなりません。

マネジャーは、「部下の力を借りる」ことで組織力を高めることを最優先しなければいけないのです。

もし、あなたに心当たりがあるようなら、まず意識改革からはじめてください。

POINT

プレイングマネジャーの仕事は、部下の力を借りながらチーム全員で成果を出すこと。

心得2

任せられるマネジャーは“今”ではなく“1年後”に視点を置いている

プレイングマネジャーは、つねに先のことを考えて判断する

「まだ、部下には任せられない」

マネジャーがこう考える背景には、「**自分でやったほうが早い**」という思いがあります。

マネジャー自身がやったほうが確実で早いのは当然です。

そのうえ、いちいち説明するのにも時間がかかりますし、任せたところで、結局はミスが起こらないよう確認をとることになるわけですから、仕事を引き継ぐのが面倒になる気持ちはよくわかります。

だったら、無理して引き継ぐ必要なんてないと感じますが、それではいけません。**なぜなら、「自分でやったほうが早い」と考えるマネジャーは、先のことを考えていないからです。**

「自分でやったほうが早い」で、仕事がまわるのは今だけ。今後、チームの規模が大きくなったり、仕事が増えたりしたら、確実にまわらなくなります。

1つ、たとえ話をさせてください。

あなたは、リンゴを剥く仕事をしています。
あなたのチームには、あなたを含めて3人のメンバーがいます。
あなたのリンゴを剥くスピードは、ほかのメンバーの3倍。
今、目の前には3つのリンゴが置かれています。
このくらいの量なら、あなたがパッと3つのリンゴを剥いてしまったほうが早いでしょう。

ここで、判断が分かれます。

判断A：スピードを優先し、自分でやる
判断B：メンバーに経験を積ませるために、あえて任せる

あなたは、どちらに近いですか。

正解は、もちろんB。

そうでなければ、いつまで経っても状況は変わりません。

考えてみてください。もし、あなたの仕事が認められ、300個のリンゴを剥く仕事が入ったらどうなるでしょう。

いくらあなた1人が頑張っても、ほかのメンバーが成長していなければ、とても追いつきませんよね。

こう聞くと、Bが正解だと素直に納得できるのですが、実際の仕事の現場では、多くのプレイングマネジャーがAの判断を下してしまうのです。

そうならないためにも、プレイングマネジャーには、目先のことにとらわれず、物事を中長期で考える視点が求められるのです。

任せる苦しみは、最初だけ

もちろん、部下に仕事を引き継ぐと、最初はトラブルも起こりますし、手間がかかります。**でも、それは「最初だけ」と割り切ってください。**

そんなことを言われても、なかなか割り切れない気持ちもよくわかります。ただでさえ忙しいのに、トラブルを起こされたらたまりませんよね。しかし、それを乗り越えることができれば、あなたの仕事は劇的にラクになります。

どうしても一歩踏み出せない人は、「経験曲線効果」を意識するといいでしょう。

これは、1966年に、アメリカのコンサルティング会社、ボストン・コンサルティング・グループのブルース・ヘンダーソン氏が提唱した効果で、「**ほとんどの業種では、作業経験が2倍になれば、習熟度が増すことによって、製品1つをつくる費用が、10～25%ほど下がる**」というもの。

この平均費用が下がる割合のことを「習熟率」と呼びます。

次ページの図をご覧ください。

習熟率80％の場合（20％減少）で計算したグラフです。

経験が5回に達したあたりで、すでに生産性は約2倍になっています。さらに教育投資をすれば、習熟率70％（30％減少）にすることも可能です。

ですから、最初は不安になるでしょうが、無理をしてでも任せてしまったほうが正解、ということなのです。

繰り返しになりますが、プレイングマネジャーは自分で業務を抱え込んでいる場合ではありません。

積極的に部下に仕事を任せたほうが、生産性の高いチームをより早くつくることができるのです。

POINT

「1年後」を考えれば、任せる不安は消える。

経験こそが、生産性を高める

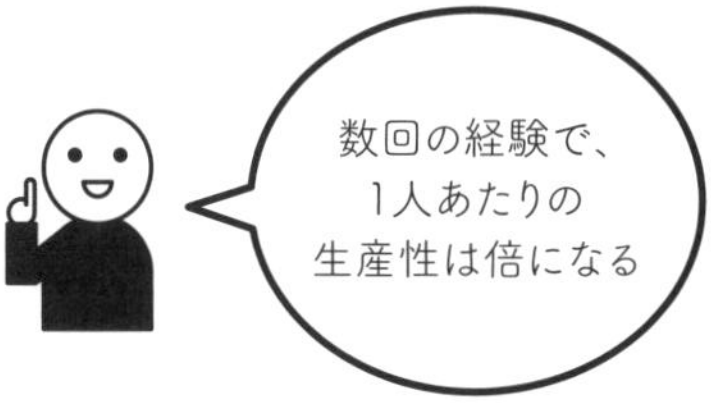

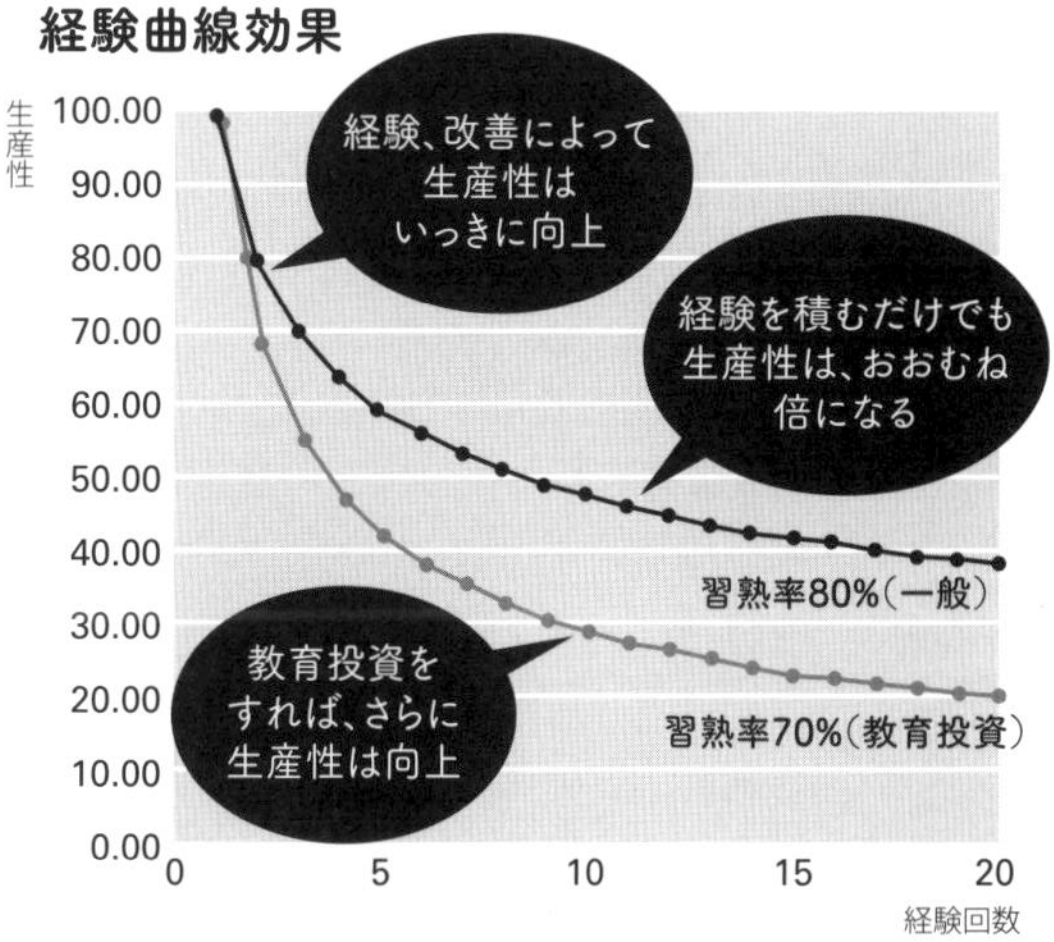

心得3

ブレない判断基準を持てば、業務量を3割減らせる

過去の延長線上で考えてはいけない

ここまで読んで、あなたはこう思ったかもしれません。

「仕事を任せるのはいいけど、任せられた部下は忙しくなり、残業が増えるのでは……」と。

そのとおりです。ですから、プレイングマネジャーは自分の仕事を任せるだけではなく、全体の仕事量を見直すこともセットで行います。

目標としては、全体の仕事量を3割ほど削減することを考えてみてください。

1～2割では、それほど影響がないからです。

しかし、頭ではわかっていても、いざ実行に移すとなると、何が無駄なのか判断に

迷い、結局仕事を減らせないということが少なくありません。

そうなってしまう原因は、過去の延長線上で物事を考えているからです。

決めるときは、過去からの流れではなく、「基準で決める」ことが大切です。

やめても成果に影響しない仕事なら、長年続いていた慣例であってもバッサリとやめる、それくらい大胆に検討しましょう。

業務改善のレベルではなく、「業務変革」のレベルで考えねばなりません。

経験で判断するから、なくせない

ここで、私が企業研修で紹介している、無駄な仕事を見極める際の「判断基準」を紹介しましょう。それは、次の3つです。

その業務をやめたら……、

①顧客満足に悪影響が出る（その結果、売り上げが下がる）
②従業員満足に悪影響が出る
③コンプライアンス上の問題が発生する（情報管理・健康被害など）

無駄かどうかの判断基準

1つもチェックがつかないならやめる

- □ やめると「顧客満足」に悪影響が出る
- □ やめると「従業員満足」に悪影響が出る
- □ やめると「コンプライアンス」の問題が出る

このうち、1つも当てはまらないものは誰がなんと言おうと無駄、というわけです。

たとえば、あなたの職場には、廃止しても誰の迷惑にもならないような会議はないでしょうか。

私がプレイングマネジャーだったとき、職場で20年続いていた毎日の朝礼にメスを入れ、週2回の実施に変えたことがありました。

些細なことに思えますが、当たり前になっている業務や慣習を変えることはそれなりにエネルギーが必要です。

実際、朝礼の頻度を減らした当初は、

周囲から批判を受けることもありました。

しかし、実際にやめてみると、仕事がラクになっただけでなく、客先への直行が増え、業績も上がったのです。

これは、まさにこの基準に当てはめたもので、朝礼をやめると、悪影響どころか、むしろ「お客様との接点が増える」「従業員の残業抑制になる」と考えました。

このように、基準を設定して考えると、意外とシンプルに判断できるようになるものです。

無駄をなくす対処法はやめることだけではありません。一石二鳥で効率を図ったり、ときには、仕事の手順をより効果的な順序に組み換えてみたり、さらには作業を簡素化する方法を検討していくことも有効です。

業務効率化についてのノウハウは、第3章で紹介していきます。

POINT

無駄な仕事をやめるときは、基準を決めると、判断に迷わなくなる。

心得4

あなたがいなくても勝手に動くチームを目指せ

プレイングマネジャーは「自主運営型」のチームをつくれ

プレイングマネジャーは、自身のプレイヤーとしての業務を部下に引き継ぐだけでなく、マネジメント業務の一部も引き継ぐことで、「自主運営型」の組織をつくる必要があります。いわゆる、「自分がいなくてもメンバーが勝手に動くチーム」です。**あなたが席にいなくても、仕事がまわる組織づくりをする。これが、プレイングマネジャーに課せられた責務なのです。**

あるエピソードを紹介しましょう。

以前、校長、教頭先生向けの教育専門誌「週刊教育資料」(教育公論社)に連載をしていたことがありました。関係者と対話をするなかで見えてきたことがあります。**それは、「崩壊するクラス」と「うまくいくクラス」との違いです。**

崩壊するクラスの特徴は、「先生1人が頑張りすぎている」のだそうです。授業に集中できていない児童がいないかどうか……、ちょっと、気になる児童がいれば、もぐらタタキのように「大丈夫?」と声をかけるスタイル。しかし、現実的には、1人の先生が、30人の児童を隅々まで把握することはできません。よく、いじめに関する報道で、「いじめに気づかなかった」という教師の言葉が紹介されますが、これと無縁ではないことが想像できます。

一方で、うまく運営できている学級では、先生がそこまで頑張っていません。児童同士が「助け合う仕組み」をつくっている。たとえば、「4人1組の〝班〟」をつくり、児童たちが「教え合う」といった仕組みがあるのです。

たとえば、1人の児童が授業を理解できず、教科書に落書きをしはじめたとします。先生が気づく前に、そのことを班の仲間がキャッチし、教えてあげます。

「自分たちのことは、自分たちで解決する」、そんな自主運営の状態をつくるわけです。

この話を聞いて、「なるほど、プレイングマネジャーが目指すべき組織運営と同じだ」と感心しました。

「連結ピン」という考え方

マネジメント業務の一部を部下に任せて、自主運営型の組織をつくるためには、チーム内に参謀役的な存在のミニリーダーを置くことが有効です。マネジメント業務は、通常の業務とは違い、誰にでも任せられるものではないからです。

とくに、部下の数が4人を超えるチームのマネジャーは、参謀役を育てることが必須です。この参謀役のミニリーダーのことを専門用語で「**連結ピン**」と呼びます。

企業内で上司が直接管理できる部下の人数は、一般的に5~7人程度と言われていますが、プレイングマネジャーは、個人の業務もありますので、この半分くらい、2~4人程度が適正です。ですから、これを超える人数をマネジメントするためには、チーム内の誰かの力を借りる必要があるのです。

人選の仕方や具体的な組織づくりに関しては、第4章で詳述しますが、ここでは、**権限移譲によって、マネジメントの負担を軽くしながらも、部下の主体性を高められる組織をつくること、そのためにチーム内に「連結ピン」を置くことが、プレイングマネジャーがやっておくべきことだと覚えておいてください。**

POINT

自分1人でチームをまとめようとせず、部下にもマネジメントを任せよう。

自主運営型の組織をつくる

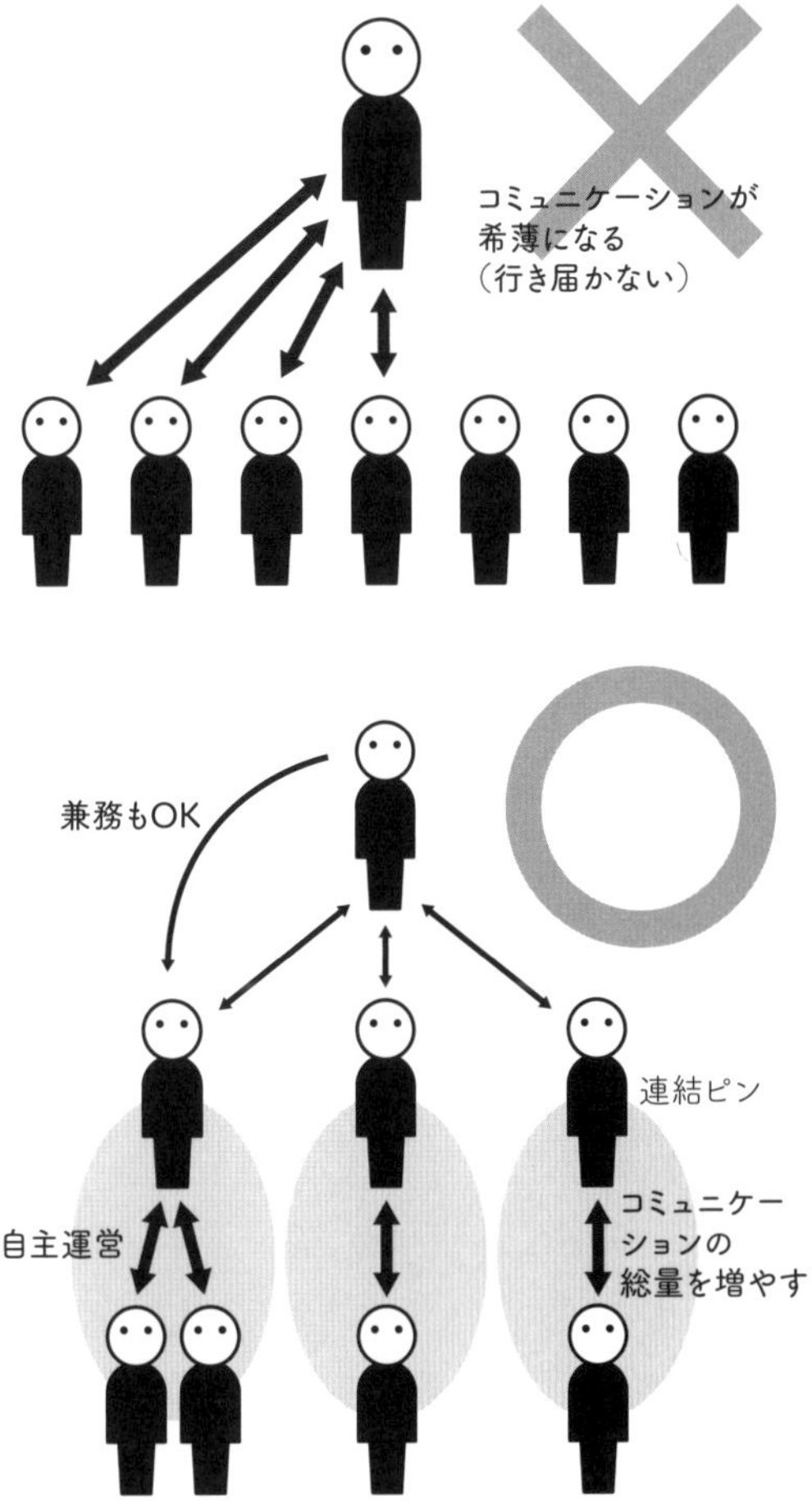

心得5

「仕事がまわる」がゴールではない。現場からイノベーションを起こせ

プレイングマネジャーの優位性とは？

自分の仕事を部下に任せ、無駄な仕事も減らし、チームも自主運営型に変えた。

しかし、それだけでは、プレイングマネジャーの仕事として十分であるとは言えません。

目指すべきは、現場感を知るものだからこそできる新しい挑戦を企て、成果を上げることです。

プレイングマネジャーがやるべき挑戦は、おおむね次の2つに集約できます。

・お客様の要望にただ応えるのではなく、期待を超えるサービスに挑戦する

・部下に高い期待をかけ、部下のキャリアの可能性を広げる

さて、挑戦を企てるとき、プレイングマネジャーには2つの優位性があります。

1つ目は、専任マネジャーがうらやむ絶対的な優位性。

それは、プレイングマネジャーはデータには表れない、「現場のリアル」に普段から触れていることです。

2つ目は、現場で発想した思いつき的なアイデアであっても、すぐに実験できる立場にいること。わざわざ稟議を通さなくても、すぐ試してみることができるわけです。

現場感を武器に「新たな勝ち筋」を見出す実験をする、これこそがプレイングマネジャーがやるべきことなのです。

データに表れない「不」のマニアになれ

では、現場感のあるプレイングマネジャーだからこそできる挑戦とは、どんなものでしょう。

「言うほどでもない」、そんな些細な「3つの不（不満、不安、不便）」から企てる挑

戦です。

たとえば、ある顧客管理システム会社での話。

客先へのアンケートでは、営業のアフターフォローへの満足度は極めて高く、「問題がない」と出ていました。利用開始直後、使い勝手を確認するフォローの電話をしていたからです。しかし、そのマネジャーは、それだけでは終わらせず、自分が担当するお客様に、「その後、どんなことが起こっているのか」とヒアリングを行いました。すると、導入から3週間から4週間経ったあたりで、使い方がわからず、同僚に聞いたり、Q&Aを見たり、なかにはわからないまま利用している機能があると判明したのです。

マネジャーは、そこに強い危機感を覚えました。というのも、いちばん怖いのが、「あのシステムを導入したけれど、現場が使いにくいと言っている」と言われることだからです。

そこで、マネジャーは考えます。

あえて、手間をかけてでも、利用開始から3週間後に「困ったことはありませんか」という電話をかけるようにしたのです。電話をしたことで、しばしば相談をもらった

POINT

「不満」「不安」「不便」の声は、
プレイングマネジャーの武器になる。

プレイングマネジャーは、矢継ぎ早に実験ができる

そうです。

このように、データだけではわからない声をキャッチし、すぐに対策を講じることができるのも、プレイングマネジャーだからこそです。

相手が社内であっても、社外であっても同じ。ぜひ、「不」のマニアになってみてください。

できるチャレンジは、まだまだあるはずです。

第1章

誰にでも不安なく引き継げる仕事の任せ方

前提を変えれば、「失敗」に寛容になれる

部下のミスは「かすり傷」にすぎない

部下がミスすると思えば、なかなか任せるのにも勇気がいることでしょう。

しかし、部下は必ずミスをします。これは厳然たる事実です。


部下にミスをなくす努力を求める以上に大事なことがあります。

それは、マネジャー自身が失敗への許容度を高めておくことです。

失敗への許容度とは、「セルフコンパッション」と言われ、自分や他人の失敗を許せる力を指します。


セルフコンパッションが低いと、結局、「部下のスキルが高まるまで待つことにな

り、なかなか任せられない」ということが起こります。

仮に任せることができたとしても、確認の工程が必要以上に増えるか、ダメ出しの連続になってしまいます。

これは、業務に精通していて、仕事のできるプレイングマネジャーほど気をつけなければなりません。

じつは、私自身もセルフコンパッションを意識するようになったことで、部下がミスをしたときでも、「致命的なミスでなければ、挽回すればいい」「必ず挽回できる」と考えられるようになった1人です。

今振り返ってみれば、社会に出て約25年、なんとかならなかったミスはただの1つもなく、「挽回に向けてやるべきことをきちんとやれば、必ず元どおりか、それ以上の成果を上げられる」と確信を得るに至りました。

しかし、最初からそう考えることができたわけではありません。それ以前は、前述のとおり、部下に仕事を任せることなく、すべて自分で抱え込み自滅していました。

では、どうすればセルフコンパッションを高めることができるのでしょう。

「ミス」と「失敗」を分けて考える

1つ簡単な方法があります。

それは、失敗に対する捉え方を変え、「ミス」と「失敗」を別物として考えることです。

失敗をこう捉えてみてください。

失敗とは、「挽回できない、致命的な事件」のことだけを指す。

こう考えることで、ほとんどのミスは失敗ではなくなります。

「誰かの健康に影響する」「会社のブランドに傷をつけてしまう」「会社を追われる」ほどのインパクトがなければ、さほど気にならなくなるのです。

たとえば、納期に遅れた、発注ミスをした、プログラムを間違えた、お客様に異なる資料を渡した……。もちろん、どれも見過ごすわけにはいきませんが、「挽回できない、致命的な事件」とは言えません。つまり、失敗のうちには入らなくなるのです。

失敗の定義を変えると、ミスについて、次のように考えられるようになります。

ミスとは、「間違えること」を指す。

「予防策」「事後対処法」を決めておけば、不安はなくなる

	評価(1〜5)			予防策	事後対処法
	発生確率	影響の大きさ	合計		
マネジャーが期待するレベルに至らない	4	2	6	補助ツールを作成	先輩とのペア制にする
お客様から「担当」を変えてほしいと言われる	1	4	5	引き継ぐ前から業務に従事させる	マネジャーが一緒に担当する
本人のスキル習得が遅い	4	1	5	勉強会を実施	任せる仕事を変える
任せたことで残業が増える	5	3	8	任せる前に、業務の見直しをする	仕事のサイズを小さくする

ミスをこう捉えられるようになれば、セルフコンパッションは上がっていきます。

もちろん、部下がミスをしたら、上司であるマネジャーはさらに上の上長から注意を受けることになるでしょう。しかし、「挽回がきく」と考えれば、部下のミスに寛容になれるのです。

ミスへの対処法を決める

ただ、これだけではたんなる精神論。きちんと、リスクマネジメントをしておく必要があります。

具体的には、上図のように、「発生確率」と「仕事に与える影響」の大きさで

リスクのレベルを5段階で判断し、それぞれの対処法（予防策・事後対処法）を考えます。

起こりうるミスやトラブルを把握し、先まわりして対処法を考えておくのです。

なお、その際のリスク評価は、あなたの主観でかまいませんし、内容が精緻でなくても問題ありません。

これまでの経験や部下のスキルから考えてみてください。迷ったときは、「業績に影響が出るか」という基準に絞って考えてみるといいでしょう。

また、すべてのリスクに対して対処法を考えておく必要もありません。アレもコレもやろうとすると、かえってやることが増えてしまいます。**発生確率が高く、影響の大きいものだけ、手を打っておきましょう。**

たとえば、部下に仕事を任せると、その部下が残業しなければならなくなることがかなりの確率で見込まれ、かつ、会社の方針が残業削減であるなら、「任せる前に業務を見直す」という予防策を考えておきます。

そして、それでも起こってしまった場合に備えて、「仕事のサイズを小さくする」という事後対処法をすぐに発動できる状態にしておきましょう。

面倒だな、と思われるかもしれませんが、大変なのは最初だけです。

一度考えてしまえば、使いまわしができることが多いですし、慣れてくれば、頭のなかだけで、しかも10秒程度で考えられるようになります。

このような対策をしておけば、任せるかどうかを判断する際、即断、即決できるようになります。

プレイングマネジャーは、自らの経験から考えると、任せることを躊躇してしまいがち。セルフコンパッションを上げたうえで、しっかりリスクマネジメントをすることができれば、不安なく任せられるようになるでしょう。

POINT

「挽回できないミスはない」と考えれば、気持ちがラクになる。

3つのステップを踏んで伝えれば、ミスの多い部下にも任せられる

それでも任せないと、プレイングマネジャーは務まらない

あなたの部下のなかに、こんな人はいませんか?

何度言っても、同じミスをしたり、伝えたことが抜け落ちてしまう。

事前に「きちんと確認するように」と伝えても、納期や納品先を間違えてしまう。

そのことを、本人に確認すると、「勘違いをしていました」と返ってくる。

これでは、いくらセルフコンパッションを高め、リスクマネジメントをしたとしても不安になり、「自分でやったほうが早い」と思いたくなるものでしょう。

こんなとき、部下の能力を見限らないようにしていただきたいのです。多様性への対応、いわゆる「ダイバーシティ」だと割り切るのが正解。

それでも任せていかないと、本人も成長しませんし、何よりプレイングマネジャー自身が、忙しさの苦しみから脱却できないからです。

部下が、何度も同じミスをしたり、伝えたことが抜け落ちてしまうようなら、任せ方を変えましょう。

任せる際に「ティーチング」の技法を使うのです。

ティーチングの3ステップ

ティーチングとは、簡単に言うと、ていねいに指示する指導法のことで、相手が新人であれ、おっちょこちょいの人であれ、言ったことを確実にやってもらうための手法です。

具体的には、次の3つのステップからなります。

①細かく伝える（何を・いつまでに・どのように・どこに・誰に・目的）
②その後、不安や不明な点がないかを尋ねる
③最後に復唱してもらう

たったこれだけ。これだけで、部下の能力を高めなくても、ミスを予防することができます。

たとえば、こんな感じ。

マネジャー：「来月22日の部長研修の会場を押さえてもらいたい。場所は東京駅界隈、できれば徒歩5分圏内でお願いしたい。参加人数は30名。備品としてマイクとホワイトボード、講師用の演台、それから演台に置く水の4点を用意し、テキストは研修開始前にテーブルに配付しておいてほしい。大丈夫かな？」

部下　　：「はい」

マネジャー：「それから、この研修は、部長同士の情報共有が目的なので、会話しやすい広めの部屋にしてほしい。今週中に候補を3つほど探してほしい。どうかな、不明な点や不安な点はない？」

部下　　：「はい。大丈夫です」

マネジャー：「行き違いがあってはいけないので、念のために復唱してもらっていいかな？」

部下　　　：「はい、東京駅から徒歩3分圏内で……」
マネジャー：「いや、5分圏内」
部下　　　：「あ、そうか。5分圏内で、各テーブルに水を……」
マネジャー：「いや、水は演台だけでいいよ」

このように、細かく伝えたうえで、やるべきことを確認していきます。時間にして5分もかかりませんが、このプロセスを踏むだけで、部下の思い込みやうっかりミスを予防できます。

管理職研修でこの手法を紹介すると、多くのプレイングマネジャーが、「任せる勇気が湧いてきた」と言って実践してくれます。そして、部下に悪気があるのではなく、自身の指示の仕方に問題があったことにも気づきます。

部下の能力に合わせるのもダイバーシティ

少し、イヤな表現になりますが、誤解のないように聞いてください。
人には得手・不得手があります。SPIなどの適性試験を実施すると明確になりますが、これは、言葉を理解する能力も同じです。

とはいえ、言葉を理解する力と、仕事で成果を上げる能力が直結するわけではありませんし、どんな組織にも言葉に対する理解力が低い人が一定数います。

そう考えれば、部下のうっかりミスは、伝える側の問題でもあるということが理解していただけると思います。

マネジャーは、「私がわかるのだから、部下にも伝わるだろう」という自分基準で物事を伝えてはいけません。「部下は一生懸命やっているけれど、ていねいに伝えないと理解できない」という意識が大切です。

繰り返しになりますが、ぜひダイバーシティを重視したマネジメントを心掛けてください。

ミスの多い部下であっても、マネジャーが教え方を変えれば予防できます。

あなたのためにも、部下のためにも、どんどん仕事を任せましょう。

POINT

伝達ミスをなくすためには、
伝え方の基準を部下のレベルまで下げる。

説教しなくても、「やる気の低い部下」は覚醒させられる

「積極的になれ」と言っても無駄

あなたの部下にこんな人はいないでしょうか?

ミスを恐れるあまり、最小限のことしかやらない部下。

自ら改善提案をすることなく、言われたことだけを粛々とやり、「やらなければ叱られる」という義務感だけで仕事をしている部下。

こういう部下に対して、「もっと積極的に挑戦しろ!」「自信を持て!」と説教したくなる気持ちはよくわかります。しかし、それで彼らの意識が変わるかといえば、難

しいというのが実情でしょう。

彼らの多くは、子ども時代から、「○○できないと褒めてもらえない」「××できなかったら叱られる」という「減点主義」の発想で過ごしてきましたので、挑戦やミスを恐れるマインドが染みついています。説教したからといって、そう簡単に変わるものではありません。

とはいえ、相手がこういう部下だと、さすがに仕事を任せることはできませんよね。彼らに染みついたマインドを変えてあげる必要があります。

1つ、いい対策法があります。**半年かけて〝自己効力感の種〟を植えることです。**

自己効力感とは、「自分ならうまくやれる」と思える感覚のことで、「セルフエフィカシー」とも呼ばれる心理作用のことです。

これを高めることで、挑戦や失敗を恐れないマインドを醸成することができるのです。

じつは、自己効力感は、日々のちょっとしたアプローチで高めることができます。

ここでは、自己効力感を高める方法を3つ紹介しましょう。

①小さな成功体験を積ませる
②上司からポジティブなフィードバックをする
③できれば、積極的な人が多いチームに配属する（もしくは、一緒に仕事をしてもらう）

では、具体的に説明しましょう。

コンフォートゾーンから脱出させる

まず、やるべきことは、**彼らに仕事を任せ、小さな成功体験を積ませることで、「コンフォートゾーン」から脱出させることです。**

「コンフォートゾーン」とは、人材育成の現場で使われる言葉で、「これまでと同じやり方で行える、不安のない快適な仕事」のことを指します。ミスなく簡単にできますが、自己成長にはつながりません。

挑戦やミスを恐れる人は、コンフォートゾーンから出ようとしません。これには理由があります。

それは、彼らがコンフォートゾーンの外には「パニックゾーン」があると思っているからです。

「パニックゾーン」とは、自分の能力をはるかに超えたレベルが要求される、難しい仕事のこと。まったく歯が立たず、失敗することがわかりきっている仕事に挑戦する気にはなれませんよね。

しかし、実際には「コンフォートゾーン」と「パニックゾーン」の間には、「**ラーニングゾーン**」という仕事があります。

「ラーニングゾーン」とは、「これまで経験したことのない新しいチャレンジングな経験をするところ」という意味です。

ラーニングゾーンの仕事は、パニックゾーンの仕事と違い、負荷はかかりますが、達成可能なレベルです。新たな仕事に挑戦することで、成長を実感することができます。

ミスや挑戦を恐れる部下をコンフォートゾーンから脱出させるには、あなたの業務を少しずつ任せ、小さな成功体験を積ませ、成長できる喜びを体験してもらうことが

部下に「ラーニングゾーン」の存在を教える

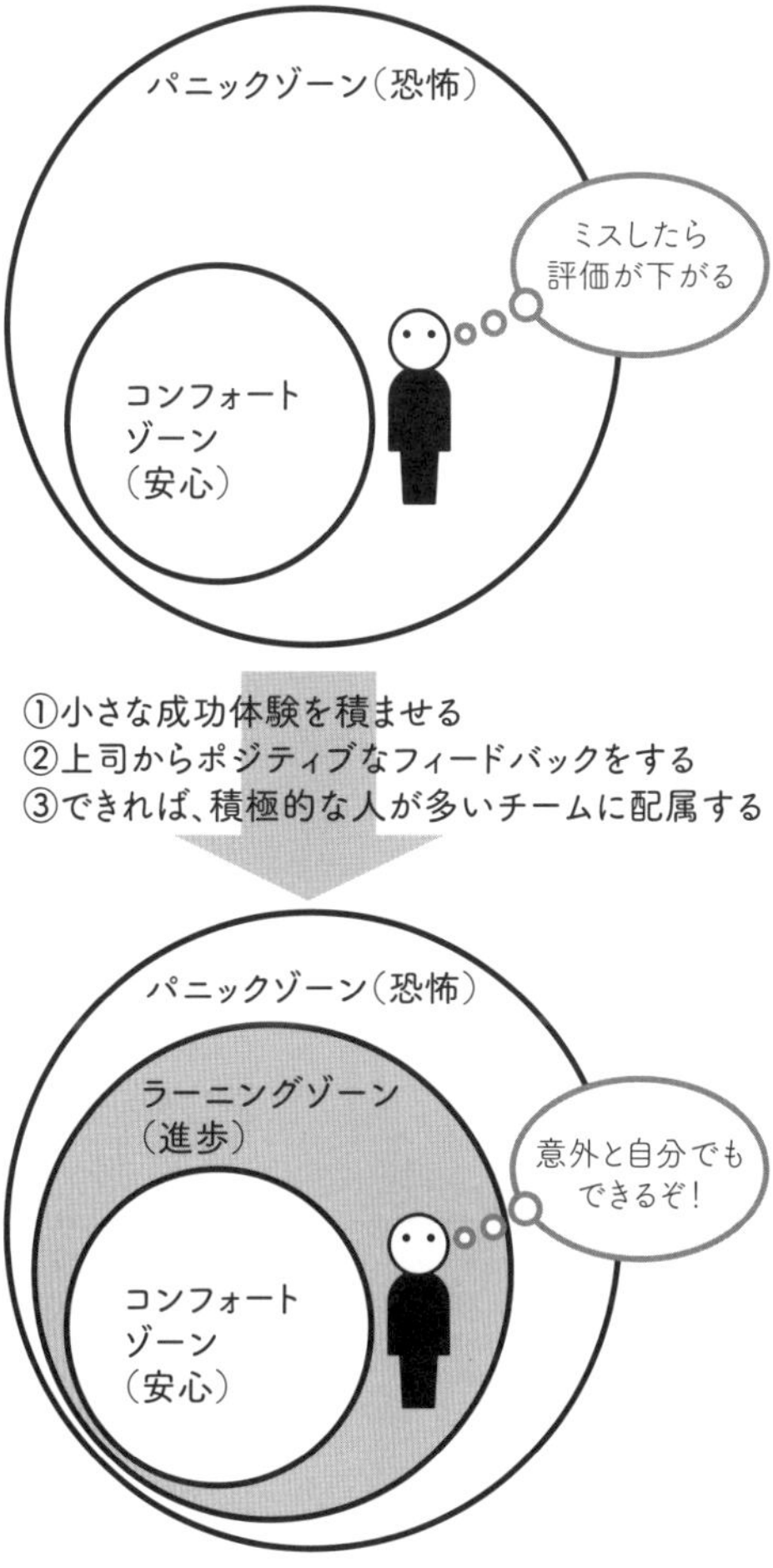

有効です。

こうすることで、コンフォートゾーンとパニックゾーンの間に、ラーニングゾーンがあることを意識させるのです。

そして、たとえ80点だったとしてもポジティブなフィードバックをします。「できたこと」「得られたこと」を具体的に伝えるのです。

できなかった20点については、「伸びしろ」であると伝えましょう。

こうやって、コンフォートゾーンの外に、成長の喜びがあることを教えれば、徐々に自己効力感が上がっていくのです。

人は環境で変わる

もう1つ、自己効力感を高めるための方法があります。**積極的な人と一緒に仕事をしてもらうことです。**

「人は環境で変わる」からです。

「5人の平均」という有名な法則があります。

これは、セールスマンから、一流企業のコンサルタントとなり、31歳で億万長者になったアメリカの起業家、ジム・ローンが提唱した、「**今の自分は、最も多くの時間をともに過ごしている5人の平均である**」というもの。

あなたも、思い当たることはありませんか。

ビジネスの現場にかぎらず、つき合う人を変えたら、それがきっかけになって考え方が変わったということは少なくありません。

チームを決める、プロジェクトを発動するといったタイミングで、ミスや挑戦を恐れる部下を、積極的な人のいるフィールドに放つことを考えてみましょう。

「**自分もこのくらいならできるかも**」「**たとえ失敗しても大けがすることはない**」。**こう思える環境に身を置いてもらうのです。**

これも、部下の自己効力感を引き上げるために、プレイングマネジャーが知っておきたい効果的なマネジメント手法です。

POINT

殻に閉じこもった部下に、外の世界を見せることも大切な仕事の1つ。

強みを見出し、「眠れるベテラン」の力を生かす

本気を出そうとしないベテランにどう対処すべきか？

あなたのまわりに、本気を出そうとしないベテラン部下はいませんか。

「会社の文句ばかり言うベテラン」

「重要な局面でも、どこか他人ごとのベテラン」

研修の際などに本音を聞くと、彼らのことを疎ましく感じているマネジャーは少なくありません。

そりゃそうです。あなたが本気になればなるほど、彼らとの温度差が顕著になるわけですから。これがストレスにならないわけがありません。

しかし、プレイングマネジャーが、自身の仕事をラクにするためには、新人のよう

に一から教える必要もなく、経験もあるベテランの力を生かさない手はありません。

しかし、モチベーションの低いベテランを動かそうとしても、どうすればいいかわからない……。

そんな悩みを抱えているなら、もしかするとあなた自身に問題があるのかもしれません。では、この問題の本質はどこにあるのでしょう。

それは、マネジャー自身が、「彼らのことをあきらめてしまっている」ことです。

あなたは、彼らがなぜ本気を出そうとしないかを真剣に考えたことはありますか。

私も、ずいぶんと悩んだことがあります。考えに考えた結果、問題は自分自身にありました。

「ゴーレム効果」というものをご存じでしょうか。

これは、**「周囲の期待が低い場合、その人は周囲の低い期待に合わせるように、パフォーマンスが低下してしまう」**というもので、1960年代、アメリカの教育心理学者、ローゼンタールが提唱した心理学効果です。

つまり、「どうせ、本気でやってくれない」「適当に頑張ればいいと思っているのだろう」「定年までやり過ごそうとしているだけだ」と、マネジャーがあきらめればあきらめるほど、部下はその低い期待どおりに、パフォーマンスを下げていく、というわけです。

たしかに、誰からも期待されない状況で、「期待以上に頑張れ」と言うのは、あまりに身勝手でしょう。

一方で、できるマネジャーは、ベテランに対して「ゴーレム効果」ではなく、「ピグマリオン効果」を活用しています。

ピグマリオン効果は、ゴーレム効果の真逆で、「高い期待をかけられた人は、成績が向上する」という心理効果です。

やる気のないベテランに対しても「あなたは、これくらいできる」と高い期待をかけ続けていると、徐々にモチベーションが上がってくるはずです。

じつは、早稲田大学大学院の竹内規彦《たけうちのりひこ》教授の研究によると、年齢を経るほどに「ワークエンゲージメント（仕事へのモチベーション）」は高くなるという調査結果もあります。

彼らのポテンシャルを生かすも殺すも上司しだいなのです。

眠れるベテランの「強み」に着目せよ

4つの能力の加齢変化

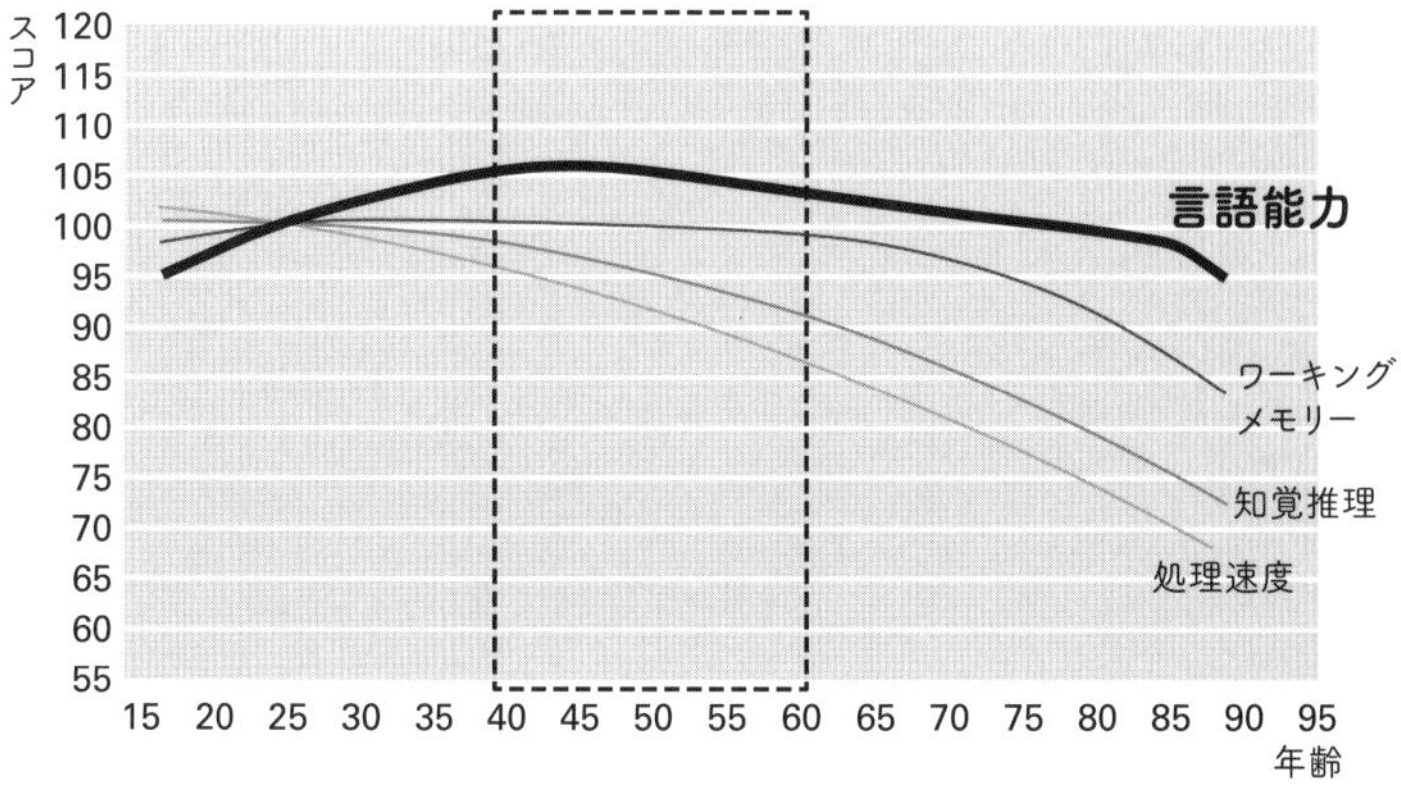

出典：E. O. Lichten-berger and A. S. Kaufman, Essentials of WAIS-IV Assessment, Wiley. 2009

いいマネジャーかどうかは、部下の眠れる力をうまく活用できるかどうかで決まると言っても過言ではない、これが私の考えるできるマネジャーの条件です。

そのために必要なのは、彼らの「強み（得意なこと）に着目する」こと。

もちろん、個人差はありますが、年齢による傾向は意識したほうがいいでしょう。

たとえば、スピードが求められる作業については、30歳以降、一貫して能力の低下が見られ、50代後半になると、25歳の約8〜9割になるとも言われています。

そう考えると、ベテランにスピードが求められる業務を期待するのは適正ではないでしょう。

逆に、言語能力、つまり語彙力《ごいりょく》をベースとした説明力や思考力は、50代半ばまで上昇し続け、40代、50代では、25歳の人よりも5％程度能力が高いと言われています。

ゆえに、相手の発言の真意を理解する力、相手の感情を洞察して適切な対話をする力、わかりやすく説明する力は、若手よりも高いというのが一般的な傾向なのです。

そう考えると、若手の相談に乗る、新人に仕事を教える、チーム内のマニュアルをつくる、社内外に自社商品の特徴や販促の方針を説明する、お客様を担当してもらう接客等、**ベテラン世代が得意とする「言語領域」の能力を活用しない手はありません。**

眠れるベテランは、あなたの仕事を任せられる同志なのです。

また、研修時にクライアントのベテラン社員の方とお話しすると、**じつは、40代、50代の人たちも「もっと挑戦して、ガツガツしなきゃ」と、自身にチャレンジ精神がなくなっていることを反省していることが多いのです。**

もし、眠れるベテランがいれば、さらなる生かし方を考えてみてください。ベテランも心の底では「まだまだ燃えたい」と思っているのです。

POINT

ベテランの持ち味を生かせる「機会」を創出しよう。

時短勤務のメンバーにも遠慮しない

「懐の狭い職場」になっていないだろうか

今や、18歳未満の子を持つ母親の7割が働いている時代です（2018年・厚生労働省調査）。このようなワーキングマザーが働きやすい職場をつくることは、避けて通れない課題です。

時短勤務や保育園のお迎えなどで、就業時間がかぎられている人も多くいます。そういう状況を目の当たりにして、「彼女に仕事を任せてもいいものなのだろうか」と躊躇しているプレイングマネジャーも多いことでしょう。

「もっと簡単でラクな仕事を割り振ったほうがいいのではないか?」とくに男性のマネジャーはこう思ってしまいがちです。

「期待」と「心配り」で、〝ときめき〟を

しかし、それはマネジャーの思い違い。ワーキングマザーは、「ラクをさせてほしい」なんてことは思っていません。

人材育成支援サービス会社のトーマツイノベーション（現・ラーニングエージェンシー）が、２０１７年に実施した調査に次のようなものがあります。

【どんな「マネジメント行動」が、ワーキングマザーの成果を高めるのか？】
1位：責任ある仕事を任せてくれる
2位：評価結果を適切に通知し、話し合いの機会をつくってくれる
3位：将来的な昇進・キャリアの伸長を手助けしてくれる

このように、**彼女たちが求めているのは「責任ある役割」を任されることなのです。**

とはいえ、時間の制約があることには変わりありません。繰り返しになりますが、彼女たちが働きやすい職場をつくったうえで、仕事を任せることが必須です。

では、ワーキングマザーが本当に働きやすい職場にするためには、どうすればいいのでしょうか。

先ほどの調査の続きを見てみましょう。

ワーキングマザーが成果を出しやすい「職場の状態」についての調査です。

【どんな「職場」だと、ワーキングマザーは成果を出すのか？】
1位：メンバーが育児と仕事について理解・協力をしてくれている
2位：職場として達成すべき目標がある

この結果から考えると、**「支える仕組み」をつくり、「支えた人」が評価される職場こそ、ワーキングマザーが成果を出しやすい職場と言えるのです。**

では、具体的にどのような仕組みを整えればいいのでしょうか。

おすすめは、チーム制やペア制度。1つの仕事を複数人で共有する仕組みです。

ワーキングマザーに仕事を任せるためには、周囲の協力が不可欠です。しかし、彼女たちの心理を考えると、「手伝ってほしい」と、なかなか言い出すことはできません。

そこで、責任ある仕事を複数人に割り振ることで、自然と助け合える仕組みをつくるのです。

「ダイバーシティ経営企業100選」など、多数の表彰を受ける日本レーザーという会社があります。この会社では、チームで仕事を共有する仕組みを整えた結果、妊娠・出産を理由とした退職者、入社3年以内の退職者をゼロにすることに成功しました。

私は、この会社に足を運び、従業員の方に話を聞いたところ「他社から、今の2倍の給与をあげると言われても辞めたくない」とおっしゃっていました。

部下にワーキングマザーがいるプレイングマネジャーにとって、責任ある仕事を2～3人で担当するというチーム制度、ペア制度は大いに参考になるでしょう。

仕組みをうまく活用しながら、重要な役割をどんどん任せていきましょう。

ワーキングマザーが最もやる気をなくす職場とは？

では逆に、彼女たちの「やる気をなくす要因」とは、どのようなものだと思いますか。「責任の重圧」でも「ちゃんと評価されない」ことでもありません。

先ほどの調査によると、**ワーキングマザーがやる気をなくす要因の第1位は、「競争意識のある職場」だそうです。**

よく考えれば当然です。時間の制約があり、同僚とフェアに競える状態にないからです。そのうえ、メンバー同士が競っていると同僚にお願いすることもできません。

「1位を目指せ」「上位に入ろう」としか言わない業績一辺倒の職場は、時間に制約のある従業員にとって「不幸な職場」ということなのです。

ですから、個人の成果でしか評価されない職場は要注意。早急にみんなで助け合う仕組みを導入しましょう。

ここでは、ワーキングマザーを引き合いに出して解説しました。しかし、これは、子どもを持つ女性従業員だけの問題ではありません。最近では、男性も積極的に育児に参加することが当たり前になっていますので、彼らに対する配慮も必要です。

また、育児だけでなく介護によって時間の制約を受けている従業員もいます。

ワーキングマザーは時代の代弁者であって、じつは職場全体の問題だということを意識してください。

POINT

みんなで助け合う仕組みをつくれば、全員が力を発揮できるようになる。

マネジャーが「適当」なチームは部下がよく育つ

必要なのは、「次回から直してね」くらいの適当さ

あなたは、何事にも〝完璧〟を求めるタイプでしょうか。

部下の仕事のやり方に細かく口をはさんだり、小さなことでも修正を求めたくなるタイプのプレイングマネジャーは、まず完璧主義を捨てなければなりません。

プレイングマネジャーの完璧主義は、部下の成長を止めてしまいます。その結果、マネジャー自身が、自分で自分の首を絞めることにつながるのです。

簡単な例で説明しましょう。

たとえば、これまで自分でやっていた会議で使用する報告書の作成を、部下にお願

いしたとします。

あなたは、できた報告書を見て愕然とします。

フォントはバラバラだし、送り仮名も間違っている……。

私はこれまで、細かい箇所まで気を配り、読みやすく完璧な報告書をつくってきたのに……。

そこであなたは、フォーマットのデザインからフォント、誤字脱字まで細かく指摘し、修正するように伝えました。

すると、部下はどうなるでしょう。

部下の立場に立って考えてみてください。

仕事を受ける際、細かく指示されたり、作成した資料を後出しのようにチョコチョコ修正されたらどう感じるでしょう。きっとこうなると思います。

「細かい人だな。言われたとおりにやっておいたほうが賢明だな。工夫したりするのは控えておこう」

これでは、部下は成長しませんよね。ずっと今の能力のままです。結果、あなたの仕事は一向にラクにならないし、チームで成果を出すこともできないのです。

こんなときは、部下に対してこう言えるかどうかです。

「OK。次回から注意してね」と。

仕事を部下に任せるには、このくらいの「適当さ」が求められるのです。私の言う「適当さ」は、無責任とは異なります。言葉のとおり「適切な程度」ということ。

専業マネジャーの多くは、このことをよく理解していますので、あえて細かいことは言いません。しかし、現場の業務に精通しているプレイングマネジャーは、部下の仕事の精度を自分と比較してしまうため、どうしても細かくなりがち。

さらに、気の短い人や、「これ以上の修正をお願いするのは気が引ける」という気配り力のある人は、結果的に「自分でやったほうが早い」となってしまうわけです。

上司の「適当力」が、部下の工夫を引き出す

では、完璧主義のプレイングマネジャーは、どうやって「適当力」を身につければ

いいのでしょうか。

「性格的なこともあるから、難しいのでは?」と感じた方も多いと思います。もちろん、ある程度仕方のない部分はありますが、仕事に対する考え方を変えるだけで、ずいぶん緩和されます。

顕著なのは、体裁に対する考え方。**完璧主義の人は、何事においても「きれいに体裁を整える」ことに重きを置きますが、「適当力」の高い人は体裁を重視しません。**

むしろ、〝無駄なコスト〟と捉えています。

重視するポイントは、「これで事足りるかどうか」、その1点だけです。

先ほど例に挙げた、会議で使用する資料の作成を部下に任せる場合について説明しましょう。

まずは依頼するとき。

仕事を任せる際は、細かく指示するのではなく、「条件」を伝えます。

絶対にやってほしい条件(Must条件)と、絶対ではないけれど、やってくれればうれしい条件(Want条件)を明確に分けて伝えるのです。

まず、Must条件から伝えます。

・現状と、現状を打開するためにしたこと、そして、その結果を入れてほしい
・施策の影響を定量で把握できるよう、進捗率、網羅率の数字を入れてほしい
・定性の情報も入れてほしい
・誤字脱字をチェックしておいてほしい
・わからないところは、〇〇さんに確認をとってほしい
・明後日の10時までに提出してほしい

そのうえで、Want条件も伝えます。

・絶対ではないけれど、できれば、1枚にまとめてもらえるとうれしい
・絶対ではないけれど、箇条書きでまとめてもらえるとうれしい
・読みやすくなるように、自分なりの工夫をつけ加えてもらえるとうれしい

このように、2つの条件を伝えることで、部下は何をすればいいのかということと、自分の裁量を明確に把握することができます。

2日後、仕上がった資料を確認すると、部下は自分なりに工夫して、状況を説明する写真を入れてくれました。ただ、その写真があるため、体裁が整っていません。

こんなときに、やり直しを求めてはいけません。

なぜなら、体裁は「Ｍｕｓｔ条件」ではないから。

「写真を入れてくれたんだね。工夫してくれてありがとう。いい感じだ。でも、次回写真を入れる場合は、この場所に貼らずに、別添にしてもらってもいいかな」

このように伝え、今回はこれでよしとします。

こうすれば、部下の創意工夫に対するモチベーションを下げることはありませんし、次回同じことを任せれば、よりよい資料をつくってくれるはずです。

これを繰り返していけば、部下は成長しますし、マネジャー自身も完璧主義を捨てられるようになるのです。

POINT

細かく指示しない。多少は我慢する。これが強いチームをつくる。

第2章

いちいち言わなくても勝手にメンバーが動く仕組みのつくり方

「評価」を変えれば、一瞬で流れを変えられる

「評価」を変えるのがいちばん早い

新しい取り組みをする際、部下の意識を変えるのに手こずることはないでしょうか。対話は大事ですが、それだけでは簡単に変わらないでしょう。組織には、これまでの流れを維持しようとする「慣性の法則」が働いているからです。

ですから、まずやるべきことは、「慣性の法則」を断ち切ること。具体的には、「評価指標を変える」ことです。

誤解がないように聞いてください。

会社員は、「評価」に合わせて行動する習性があります。

たとえば、残業削減。なかなか進まない課題の1つでしょう。これも、「評価」に合わせる習性が邪魔をしているからなのです。

実際、残業をすれば25%アップの手当てがつきます。つまり、残業すればするほど、加速度的に給料が上がるという仕組みです。

こんな環境に身を置きながら、自分の給料を減らすために、本気で「頑張りたい」と思う人はなかなかいないでしょう。

では、どうすればいいのか。

答えは簡単です。**こちらが求めていることと、評価基準を一致させることができればこの問題はたちまち解消します。**

本来なら、「残業をしたら、その時間分の給与を差し引きます」と言えば、誰も残業しなくなります。しかし、法律的にも、道義的にもそういうわけにはいきません。

であれば、残業しない人をプラス評価してあげればいいだけです。

事例を1つ紹介しましょう。

職場の残業を急減させたマネジャー

その会社は、残業削減に向けて大きく舵を切っていたのですが、なかなか進んでいませんでした。しかし、あるマネジャーが着任し、流れが変わりました。

やったことは至ってシンプル。

早々に「残業時間を評価指標に加えた」ことでした。

もちろん、現場のプレイングマネジャーが、勝手に人事制度を変えるわけにはいきません。

そこで、上司に相談したうえで、マネジャーの裁量でできる範囲で、評価を変えたのです。

まず、業績がよかったときに支払われるインセンティブを変更しました。

月間の残業時間に応じて、次のように加重をかけたのです。

・月間残業時間が、10時間以内の場合は通常の2倍（大幅増額）

・15時間以内の場合は通常の1・2倍（増額）

・20時間以内の場合は通常どおり（標準）
・30時間以内の場合は通常の7割（減少）
・それ以上の場合は通常の5割（半減）

たったこれだけのことですが、残業削減がいっきに進みました。

もともと、月間平均40時間を超えていた残業が、半年後には20時間前後にまで減ったのです。

残業を減らした人が評価される仕組みにしただけで、口うるさく言わなくても、部下たちが勝手に工夫しはじめたのです。

しかも、その後、その組織は過去最高益になったというのですから、驚くばかりです。


さて、まとめます。

マネジャーは、新しい戦略を打ち出したり、これまでと運営方針を変えなければならないことがあります。

そういうときに大事なのは順序。

先に評価を変えてから、並行して対話で納得を得る、これが正解です。

100回小言を言うより早く、組織を「あるべき方向」に導けることでしょう。

もちろん、これは残業削減だけでなく、業績や生産性、業務改善の提案でも同様です。

たとえ、オフィシャルな評価指標を変えられなくても、「強化したい行動」があるなら、現場でできる範囲のことを考えてみてください。

スムーズに「慣性の法則」を断ち切れるはずです。

POINT

評価を変え、やるべきことをメンバーの「自分事」にすれば目的は達成できる。

部下から100個のアイデアが出る仕組み

不満や不便、不安をチャンスに変えているか?

序章では、チームでイノベーションを起こすことも、プレイングマネジャーに与えられた役割であると述べました。

自分1人で成果を上げるのではなく、部下を巻き込んでイノベーションを起こす、これが本物のマネジャーです。

そのためには、つねに部下から改善提案が上がってくる状態をつくることが必須です。しかし、ただ待っているだけでは、部下から提案が上がってくることはないでしょう。

ちょっとした不満や不便、不安があっても、部下は「仕方がないこと」とあきらめていないでしょうか。もし、そうだとしたらもったいない。
ぜひ、改善のチャンスにしたいところです。

「コンテスト」でメンバーからアイデアをつのる

1ついい方法があります。

「提案コンテスト」を開催してみてください。

もし、あなたのチームに10人のメンバーがいるのなら1年で100個くらいのアイデアが出るはずです。30人なら300個程度、1000人なら10000個程度のアイデアが出ることでしょう。

こう聞いて「そんなにうまくいくはずがない」と思った方が大半だと思います。

しかし、以前私のクライアントのコールセンター（メンバー60人）で、2週間実施したところ、120個の改善提案が出てきました。

じつは、この元になった事例があります。

岐阜県にある電設資材メーカー、未来工業という会社をご存じでしょうか。

この会社は、日本一幸せな会社、超ホワイト企業と称される有名企業です。従業員は約７００人。彼らからのアイデアが元になった新商品を年に５００個発売しています。

経営理念は「常に考える」。まさに、理念を実践している会社と言えるでしょう。実際に社屋を訪れたのですが、驚きました。「常に考える」と書かれた看板やポスターが〝これでもか〟というくらいに掲示されているのです。

「会社のどこにいても、『常に考える』の文字が見える、そうすれば社員も覚えるはず」これが狙いです。帰るころには、部外者の私まで覚えてしまいました。

そして、さらに驚くのは、従業員から提案されるアイデアの数。

なんと、年間に７５００件も出ると言います。

平均すると１人あたり10〜11件。未来工業の社員は、１カ月に１人１件のペースでアイデアを出し続けているわけです。

とはいえ、未来工業では改善案を出すことを強制しているわけではありません。

社長にお話を聞くと「**理念を掲げるだけでは、アイデアは出ない。内容にかかわらず、アイデア1件につき参加賞で500円を出しているから、従業員もアイデアを出**

したくなる」とおっしゃっていました。

まさに、「仕組み」の効果。コストを考えても、7500件のアイデアを集めるのに375万円。新入社員1人分の給与です。

ここから毎年500個の新商品が生まれると考えれば、十分にコストを回収できる「仕組み」であると言えるでしょう。

仮にあなたのチームで実施して、100件のアイデアが集まったとしても、かかるのは5万円です。研修費用だと考えれば、かなりコストパフォーマンスがいいことがおわかりいただけると思います。

職場でアイデアを募集するコツ

では、実際にコンテストを運用する際のポイントを整理してみましょう。ポイントは次の6点です。

①「積極的にアイデアを取り入れる」ことをメンバーに伝える

②採用の基準を明確にする（効果・コスト・確実性など）
③提案シートを作成する（提案の内容や理由、進め方、費用、効果見込みなど）
④改善提案の数を「見える化」し、内容ではなく提案数で競う
⑤参加賞、もしくは採用されたときのご褒美を用意する
⑥結果報告（採用・不採用／採用理由）をメンバー全員にフィードバックする

アイデアを出すのに必要なものは、部下の能力ではありません。「仕組み」があるかどうかなのです。

ぜひ、あなたのチームから、変革の旋風を巻き起こしてください。
最初は、工夫レベルのアイデアでもOK。続けていれば、しだいにイノベーションレベルのアイデアが出てくるようになります。

POINT

アイデアは待っていても出てこない。出したくなる仕組みをつくる。

「知らなかった……」は、仕組みで予防できる

大事なことは、「兆し」をいち早くつかむこと

忙しいプレイングマネジャーは、職場の些細な問題に気づけないことが多いものです。しかし、どんな理由であっても、上司から、「この件、把握していた？」と聞かれたとき、絶対に言ってはいけないセリフがあります。

「知りませんでした」です。

これでは、マネジメントができていない、と思われても仕方がありません。

たとえば、マネジャーが部下の人間関係の問題を把握していなければ、離職やメンタル疾患の原因になります。ライバル企業の動きを把握していなければ、業績にも影

響しかねないわけです。

ですから、マネジャーは、何があっても現場の問題をリアルタイムで把握しておかなければなりません。

とはいえ、マネジメントの時間に制約のあるプレイングマネジャーは、どうしてもモレが出てしまいます。

そこで、私がクライアントにおすすめしているのが、チャットを使ってリアルタイムで「兆し」をつかみ、スマホのビデオ通話機能で詳細を把握する方法です。

使うのは、ＬＩＮＥでも、Ｍｅｓｓｅｎｇｅｒでも、スマホのＳＭＳでも大丈夫。投資には、１円もかかりません。

「なんだ、そんなことか」とがっかりした人が大半だと思います。しかし、あなたは本当にチャットとビデオ通話を活用できていますか？　**事実、多くのプレイングマネジャーが、この２つのツールをうまく活用できていないのです。**

ＡＩを活用する企業が増えているように、すでにあるツールを有効活用して省力化することも、プレイングマネジャーがやっておきたい「仕組み化」の１つです。

チャットとビデオ通話でできること

では、チャットとビデオ通話をどのように活用すればいいのでしょうか。

実際にあった事例を紹介しましょう。

その会社は、法人契約のビジネスチャットを導入しておらず、社員同士が個人のLINEを使ってコミュニケーションをとっていました。

次のやりとりは、この会社のマネジャーと新人部下のチャット。新人が商談に行く直前の場面です。

マネジャー：「今日は、○○様との商談だよね？　どう、不安はない？」
部下　　　：「はい。大丈夫です。行ってきます」
マネジャー：「了解。でも、何か不安があったらすぐに言ってね」
部下　　　：「もし、値段が合わないと言われたらどうしましょう」
マネジャー：「そのときは即答せずに、いったん私に連絡を入れてもらっていい？」

――（商談後）――

部下：「情報です。ライバルのA社が値引きキャンペーンを展開しはじめているようです。我々も対策を打たなければならないかもしれません。キャンペーンのチラシも入手しました」

マネジャー：「サンキュー。今LINEで話せる？　チラシを見せてもらえる？」

部下：「はい」

――（ビデオ通話に切り替える）――

マネジャー：「（チラシを見ながら）詳細を聞かせて。お客様の反応はどう？」

いかがでしょうか。もしチャットで兆しをつかんでいなかったとしたら、この情報はいつマネジャーに入っていたと思いますか。ひょっとすると、部下が伝えるのを忘れ、マネジャーの耳に入ってこなかった可能性すらあります。

流れを整理すると、こうなります。

まず、チャットの内容から「兆し」をつかみ、ビデオ通話に切り替えることで、迅速に詳細な情報をキャッチする。

ビデオ通話は、ＬＩＮＥやＭｅｓｓｅｎｇｅｒでもできますし、ｉＰｈｏｎｅのＦａｃｅＴｉｍｅでもできます。

これがあれば、わざわざ事務所に戻らなくても、出張先でも、問題が起これば今この瞬間に顔と顔を合わせて会話できるわけです。

できれば、個人ではなくビジネスアカウントを使う

最後に補足です。

ここでは、個人のＬＩＮＥアカウントでやりとりする事例を紹介しましたが、**可能であれば、仕事上の連絡は個人のＳＮＳではなく、チャットワークやスラックなどのビジネスチャット、もしくは会社支給のスマホについているＳＭＳ機能を使うことを**

おすすめします。

複数人で会議をする場合は、有料プランになりますが、チャットとビデオ通話だけなら、無料で使うことができます（ほかにファイルの共有、グループチャットもできます）。

個人のSNSアカウントを使用すると、そこに情報が残ってしまいます。情報はどこから流出するかわからないからです。

マネジャーは、リスクに対してこれくらいデリケートでありたいところです。

POINT

対面にこだわらず、ツールを活用すれば、どんなに忙しくても、いち早く問題の芽を摘みとれる。

1人ひとりの「仕事の質」は仕組みで維持する

「仕事の質」のバラつきはマネジャーの責任

月に一度の出張で、毎回同じホテルに宿泊しているとしましょう。あるフロントの担当者は、顔を覚えてくれていて「いつもありがとうございます」と言ってくれます。

一方、別の担当者は、何度も顔を合わせているのに、会うたびに「エレベーターはあちらで……」と、館内の説明をはじめる。こんな対応をされたら、ちょっとした不満を感じてしまうかもしれません。

このように、メンバーによって仕事の質にバラつきがあると、ときとして業績に影響を及ぼします。

とはいえ、これはメンバーの責任ではありません。

原因は、マネジャーが部下の仕事の質を「人」で担保しているから。各メンバーの仕事のバラつきをなくしたいなら、「仕組み」で担保しなければなりません。

そこで紹介したいのが、「品質マネジメント」の手法です。

仕事の質をマネジメントするためには、共通の基準をつくることが鍵となります。

まずは、品質の基準を定義することからはじめます。

次のように「3つのレベル」で定義するといいでしょう。

【第1次品質】　それがないと、最低限の品質を担保できない状態
【第2次品質】　相手にとって過不足ない状態
【第3次品質】　相手の期待を超え、うれしいと感じる状態

どんな行動が、どのレベルに相当するのか、マネジャーとメンバーが目線を合わせたうえで、全員が「第3次品質」を目指し、努力していくのです。品質マネジメントをすると、基準が明確になりますので、正しい努力ができるようになります。

これは、あいさつ1つとってもそうですし、お客様への電話対応などもそうです。

大事なことは目線合わせ

しかし、何が第1次品質で、何が第2次品質なのか、人によってバラつきがあるようでは機能しません。

まず、チームで、何が第1次品質、第2次品質、第3次品質なのか、目線を合わせねばなりません。

インターネット広告の制作会社を例に解説していきましょう。

ライティングセンスを買われて、この会社に転職してきたクリエイターの山田さん。

ところが、山田さんが制作した広告の効果（反響）がよくありません。

これは、山田さんの能力の問題ではなく、効果を出すために必要となる品質の基準があいまいになっているために起こる現象です。

そこで、ミーティングの場を持ち、品質の基準とそれに対応する具体的な行動を次のように決めました。

【第1次品質】　事実と異なる情報が載っていない。必要な情報が不足していない
【第2次品質】　必要な項目に対する情報が網羅されている
【第3次品質】　読者目線の情報が入っている。たとえば、「製品の使用者の声」「メリットとデメリットの両方を掲載する」など

このように、具体的な品質を決めてチーム内で共有すれば、誰もが一定レベル以上の品質の広告を制作できるようになります。

実際には、もう少し細かく設定してもいいでしょう。

そして、決めたものを1枚の紙（ガイドライン）に記しておきましょう。カタチで残さないと、何事も形骸化してしまうからです。

さらに、セルフチェック表をつくっておけば、形骸化を予防できます（本格的にやるなら第三者チェックがおすすめ）。

あとは、毎週のミーティングで、「第3次品質を達成できた取り組み」と「第3次品質に至らなかった取り組み」を共有すれば、確実に定着していきます。

これだけで、マネジャーがいちいち言わなくても、仕事の質を維持できるようになります。

くどいようですが、くれぐれも最初から完璧を求めないこと。そして、運用の手間をかけないようにしてください。仕組みを取り入れることで仕事を増やしてしまっては、本末転倒です。

できるだけ簡単にやる、これが成功の秘訣です。

POINT

「もっと質の高い仕事をしよう」と言うだけでは仕事の質は上がらない。

目標達成を確実にする仕組み

未来は予測するのではなく、「可視化」する

前述しましたが、チームに課せられた数値目標を達成するために、部下に向かって「みんなで頑張って目標を達成しよう！」と熱い口調で発破をかけても、部下が動くことはありませんし、そのたびに発破をかけなければいけないマネジャー自身も疲れてしまいます。

確実に目標を達成したいなら、そうなるための「仕組み」が必要なのです。

ここでは、確実に目標を達成するための仕組みを紹介しましょう。

それは、数値目標を追い求める際に使える「ヨミ管理」と呼ばれる手法です。

これは、私の前職、リクルートグループの全事業部で長年活用されているマネジメントの仕組みです。簡単でありながら、導入するだけで、目標達成の確実性が飛躍的に高まります。

「ヨミ」とは見込みのことで、ひと言で言うなら、ヨミ管理とは見込み管理の一種です。この仕組みが秀逸なのは、確度の予測が簡単にできる点。

具体的には、各案件の見込みの確度を、Aヨミ（確度90％以上）、Bヨミ（確度50％以上）、Cヨミ（確度30％以上）、それ以下をアタック（新規開拓）とランクづけし、その期間の目標達成度合いをシミュレーションします。

次ページの図をご覧ください。

このように、目標と実績の差額を出したうえで、エクセルでつくったシート（ヨミ表）に各ヨミを入力すれば、それぞれの係数を掛け合わせ、自動計算で「楽観値」「妥当値」「悲観値」が算出されるというもの（数値は、手入力で微調整してもＯＫ）。

ただ、たんにシートをつくって入力させるだけでは、マネジメントにはなりません。

エクセルシートのヨミ表（例）

現状

	山田	高橋	中田	合計
目標	100	100	100	300
実績	30	50	30	110
残額	-70	-50	-70	-190

ヨミ

	山田	高橋	中田	合計
Aヨミ（確度90％～）	50	10	20	80
Bヨミ（確度50％～）	50	10	50	110
Cヨミ（確度30％～）	30	20	30	80
新規開拓	60	50	60	170

着地シミュレーション（実績＋ヨミ）

	山田	高橋	中田	合計
楽観値（確度：ヨミ50％・新規30％で計算）	133	89	106	328
妥当値（確度：ヨミ30％・新規10％で計算）	115	75	88	278
悲観値（確度：ヨミ10％・新規5％で計算）	106	68.5	79	253.5

やることは明確？

はい。
新規で50万円分
増やす動きをとります。

高橋さんが
厳しそうだな。
連絡をしてみよう。

不安はない？

はい。大丈夫です！

大事なことは、目標達成が厳しい状況にあるメンバーが、それを把握し、取り組むべき対策を立てているかです。

たとえば、前ページの図の「着地シミュレーション」を見ると、高橋さんと中田さん2名の目標達成が厳しいことが見えています。

ですから、マネジャーは、高橋さん、中田さんに「対策」が明確になっているかどうかを確認する必要があります。

一定の数値を下まわったら、本人が対策を立て、それを報告してもらうようにしておけば、確認の手間もかかりませんし、何よりも部下に自分で考えるよう促せます。

ただ、なかには対策を立てられずに悩む部下もいます。その際は、一報を入れてもらい、マネジャーが一緒になって考えましょう。

ヨミ管理をチームに取り入れると……

ヨミ管理の仕組みを取り入れると、マネジャーだけでなく、メンバー全員が「チームの状況」と「自分の状況」がわかるようになるので、チームワークも高まります。

チームのメンバーから、「俺、新規営業を増やします」「私、Cヨミの確度を高めます」といった言葉が出てくるようになるのです。

このような状態になれば、目標達成の確実性が高まりますし、部下が自分で考える力も身につきます。

これが、ヨミ管理という仕組みのすごさなのです。

ぜひ、あなたのチームでも取り入れてみてください。

POINT

着地点を可視化すると、やるべきことが見え、目標達成の確度が劇的に上がる。

第3章

無駄を削減し、効率を上げるチームの仕事の減らし方

手間をかけることが「いい仕事」ではない

仕事を減らすのは、「最高の仕事」を追求するため

私がプレイングマネジャーだったとき、人一倍注意していたことがあります。

それは、「徹底して、無駄なことはやらない」ことです。

理由は、「最高の仕事」をするため。

たとえば、お客様から「すぐに、企画案を送ってほしい」と言われても、お断りしたことが何度かありました。

理由は、まだお客様の課題が特定されていない段階で、カタチだけの企画案を出し、それが決裁されても、成果を上げられる確率は著しく低いからです。

そんなときは、先方に事情を説明し、課題をすり合わせる時間をいただいたうえで

企画書を出していました。

お客様から言われたことはとりあえずやる。こういった仕事のやり方は、そのときはラクかもしれませんが、結局「二度手間」という無駄を生み、最終的にお客様に迷惑をかけることになります。これでは「最高の仕事」とは言えません。

最高の仕事とは、相手の期待を超えるものを提供することだからです。

これは、営業の仕事だけでなく、あらゆる仕事に言うことができます。

プレイングマネジャーに求められることは、かぎられた時間のなかで、チーム全員が、無理せず「最高の仕事」をできるようにすること。ここに異論はないでしょう。

「合目的的」に徹する

そのために、ぜひ決意していただきたいのは「効果に影響しないことは、徹底的にやめる」ということ。

この考え方を「**合目的的**《ごうもくてきてき》」と言います。目的に照らし合わせ、効果のあることのみに集中することです。

たとえば、次のような仕事はバッサリとやめる対象です。

・惰性で続いている、何も決めない情報共有だけの定例会議
・朝礼での気持ちが込もっていない理念の唱和
・社内資料をていねいにつくる習慣

情報共有は、メールに変えても目的を達成できますし、誰も気持ちを込めて理念を唱和しないなら、そんなことをしても理念の共有という目的は達成できません。社内資料のフォントや級数がバラバラでも、内容がわかればいいはずです。きっと、やめても誰も困らないでしょう。あなたのまわりに、そう思える業務や習慣があれば、今すぐバッサリとやめてしまいましょう。

当たり前の感覚で、なんとなくやっている。そんな意味のないことを効率的にやることほど、無駄なことはありません。

第4章では、チーム全体で「最高の仕事」をするための、「正しいやめ方」のコツを紹介していきます。

POINT

「無駄なこと」をバッサリとやめたほうが「最高の仕事」ができる。

フレームに当てはめれば、無駄がくっきりと見えてくる

「ECRS」で判断する

前項では、「無駄なことは徹底的にやめるべき」とお伝えしました。とはいえ、どの業務が無駄なのかを判別するのは難しいもの。

そこでおすすめしたいのが、「ECRS（イー・シー・アール・エス）」というフレームです。このフレームに当てはめて考えれば、無駄な仕事が簡単に判別できるようになります。

「ECRS」は、もともと生産管理の現場で、効果的に業務をサイズダウンするために使われていたフレームですが、あらゆる業種、職種で活用することができます。

ECRSは、次の「4つのステップ」で〝ムラ、無駄、無理〟をなくす手法です。

【ステップ1】E（Eliminate・排除）：業務そのものをなくすことはできないか？

【ステップ2】C（Combine・結合）：複数の業務をまとめることはできないか？

【ステップ3】R（Rearrange・順序変更・交換）：作業の順序を変えられないか？

【ステップ4】S（Simplify・単純化）：作業内容をもっと簡単にできないか？


この4つの観点から、あなた自身の業務（プレイヤー業務・マネジメント業務）と、部下の業務を含めたチーム全体の業務を減らすことを考えていくと、マネジメントはかなり省力化することができます。

長い歴史のなかで、かつては価値があったけれど、今では不要な〝儀式〟になっている、という業務は少なくありません。ぜひ、「ＥＣＲＳ」のフレームに当てはめて、「合目的的」の観点から診断してみてください。

「ECRS」の具体例

では、「ＥＣＲＳ」のフレームは、具体的にどのように活用すればいいのでしょうか。いくつか具体例を挙げてみましょう。

▼E（Eliminate・排除）

・「週報」「レポート」「報告書」等の書類作成をやめられないか
・「朝礼」「会議」をやめられないか
・「結果の出ていない営業手法やプロジェクト活動」をやめられないか
・「毎朝の出勤（直行、自宅勤務でもいいこともある）」をやめられないか
・「過剰なサービス」「自己満足のサービス」をやめられないか

「E・排除」の観点から業務を見直す際は、やめても誰も困らない、つまり業績や社員のモチベーションなどに悪影響がないか、と考えてみましょう。

▼C（Combine・結合）

・「製造」と「検査」を同じ場所にまとめられないか
・「2つの会議」を1つにまとめられないか
・「複数の人が担当している業務」を1人にまとめられないか
・「バラバラにしていた発注」をまとめられないか

たとえ、やめられない業務でも、ほかの業務とまとめることで、手間を省くことができるかもしれません。

▼R（Rearrange・順序変更・交換）

・「決裁」の順番を入れ替えられないか（中間を飛ばして、直接決裁者にいけないか）
・営業ルートを入れ替えられないか（移動動線を最短化）
・夕方以降の作業を、朝に入れ替えられないか（生産性アップ、残業抑制）

このように、順番を入れ替えることで効率が上がる業務は思いのほかあります。これまでの習慣を見直しながら考えてみましょう。

▼S（Simplify・単純化）

・報告書の記入、データ入力を簡素化できないか
・ファイル作成・共有方法を簡素化できないか
・テンプレートを用意し、標準化できないか（見積書、請求書、納品書、報告書等）

「ECRS」で「無駄」な業務をなくす

検討の順序

Eliminate 排除	やめても影響が出ないなら、 やめる。
Combine 結合	一石二鳥で 作業を結合できないか?
Rearrange 順序変更・交換	効率のいい手順はどれか?
Simplify 単純化	もっと簡単にできないか?

E・C・Rの観点から、業務を見直したら、最後に1つひとつの作業の手間をなくせないかを考えましょう。

このように、「ECRS」のフレームを使えば、普段何げなくやっている業務の無駄に、気づけるようになります。

POINT

「ECRS」のフレームを活用すれば、一から無駄を探す手間が省ける。

仕事をシンプルにすれば、スマートに引き継げる

簡素化すれば、スキル不足の部下にも引き継げる

本来、マネジャーはマネジメント業務に専念することが理想です。自身のプレイヤーとしての業務をできるだけ部下に引き継ぐ、これも仕事の1つなのです。

しかし、第1章でも述べましたが、部下のスキル不足、または相手との関係性を考えると、なかなか引き継げないという心理にもなるものです。

それを、克服するためにおすすめの方法があります。

引き継ぐ業務のプロセスを、あらかじめ簡素化しておくのです。

これならスキル不足の部下にでも、仕事を引き継ぎやすくなるでしょう。

やり方は簡単。先ほど紹介した「ＥＣＲＳ」のフレームで整理をすればいいのです。

引き継ぎをスムーズにする設計を見てみましょう。

排除すべきは「自己流の工程」

まず、「Eliminate・排除」の観点から自身の仕事を見直してみましょう。

最も排除すべきなのは、「自己流の進め方」です。

長年同じ業務に従事していると、つい定型業務を自己流にカスタマイズしたり、独自の仕事の進め方をしてしまうもの。

自分なら簡単にできる作業でも、引き継いだ部下にとっては時間がかかる、または難しくてできない、ということも少なくありません。

私がプレイングマネジャーのときにも同じことがありました。

お客様のためによかれと思ってやっていた、エクセルで作成した月次レポートがあったのですが、少し工程が複雑になっていました。レポートを作成するのに、データ分析のスキルが必要だったのです。

そのとき、私は部下にデータ分析のスキルを習得させるか、月次レポートをなくすか考えました。そのときの決断は「なくす」でした。

レポートをなくしても、顧客満足度や業績には、大きな影響はないと判断したからです。事前に先方に相談し、月次レポートをなくす承諾を得たうえで、引き継ぐことにしました。

このように、難易度の高い業務のせいで引き継ぎにくい場合は、業務そのものをなくすことを検討しましょう。

マネジャーが一緒に担当する

次の観点は、「Combine・結合」です。

部下に引き継ぐ際、いきなり任せるのではなく、2つのレポートを1つにしたり、2回の打ち合わせを1回ですませられるようにするなど、部下の負担を軽減する方法を検討してみましょう。

また、最初のうちは部下とあなたがペアで担当することもおすすめです。情報共有や指導をその場で行うことができるので一石二鳥です。こうしておけば、取引先、部下、そしてマネジャー自身が不安を抱えることなく仕事を進められます。
そして、半年か1年経ったあたりで完全に仕事を引き継げばいいのです。

引き継いだあとは、部下に任せきる

「Rearrange・順序変更、交換」の観点では、「決裁（判断）」自体を、部下に移譲できないか検討しましょう。

引き継いだあとも、何かあるたびに部下から確認を求められるようでは、任せたことになりません。

ですから、早い段階で、「自分で考えてやっていいよ」と伝えておくこともポイントの1つ。

とはいえ、マネジャーは、状況を把握しておかないといけないことがあります。

メールのやりとりにCcを入れてもらうなどしておけば、直接確認しなくても流れがわかります。

メールを見て、気になる点があればアドバイスする、といった流れがベストです。

ひな型を用意する

最後は、「Simplify・単純化」の観点です。

たとえば、定期的に提出するレポートは、A4用紙1枚のひな型を用意し、文章の一部を変更すればすむようにしておく。やりとりが複雑な業務は、連絡プロセスをできるだけシンプルにするなど、簡素化できる業務があれば、あらかじめやっておきましょう。可能なかぎりシンプルにしてみてください。

自身の仕事を部下に任せられないのは、部下のスキル不足が原因ではなく、引き継ぎの「型化」ができていないことにあります。

ぜひ、「ECRS」のフレームを、引き継ぎの「型」として活用してみてください。スマートに引き継いでいけることでしょう。

POINT

引き継ぎの「型」を使えば、誰がやっても同じ成果を出せるようになる。

打ち合わせを制すれば「マネジメントの手間」は劇的に省ける

鍵は、フェイス・トゥ・フェイスの時間を効率化すること

マネジメント業務でとりわけ時間がかかるのは、「会議」「面談」「相談」など、フェイス・トゥ・フェイス、つまり「会って話をする」ことではないでしょうか。

部下と話をすることは、マネジャーとしての基本業務なので当然ですが、プレイングマネジャーは席にいないことも多いため、なかなか時間を確保することができません。

そのため、夕方事務所に戻り、残業で打ち合わせをしたり、遠方から面談のためだけに戻ってくるといったことが常態化している人も多いことでしょう。

マネジャー自身はもちろん、待たされる部下にとってもじつに無駄な動きです。

プレイングマネジャーは、フェイス・トゥ・フェイスの時間を少なくしながらも、会って話すのと同レベルの効果を担保できる仕組みを持っておかねばなりません。

ここでは、「面談」「打ち合わせ」を、「ＥＣＲＳ」のフレームを使ってシンプルにしてみましょう。

会議、打ち合わせに出席しない

最初は「Eliminate・排除」の観点から。

まず取り組むべきは、あなた自身が、極力会議や打ち合わせに出ないことです。

出席するのは、本当に必要な会議のみ。思いきって、序章でお伝えした「連結ピン」、つまり参謀役の部下に任せましょう。

そうすることで、自主運営の機運も高まります。

ときには、社外の打ち合わせを部下に任せることも一考です。

部下からしてみれば、「自分が任されている」という自覚を持つこともできます。

また、忙しいプレイングマネジャーのスケジュールに合わせたせいで、対応が遅くなる、という悪影響も避けることができます。

何事も1回ですませる

次は、「Combine・結合」について考えてみましょう。

たとえば、部下のAさんから業務について相談したいと申し出があり、「その件なら、Bさんとも話をしないといけないな……」と予測できる場合、2人と別々に打ち合わせを持つのではなく、最初からBさんにも加わってもらう。

また、2つの会議があるなら、1つにできないかと考えるのもおすすめです。

たとえば、営業担当者の会議が週に1回1時間、スタッフとの会議が週に1回1時間あったとします。

この場合は、「リーダー会議」として「営業リーダー、スタッフリーダー」とのミーティングにまとめることができないか考えましょう。

あなたにとってだけでなく、参加者すべてにとって一石二鳥の効果を生みます。

さすがに個人面談はまとめることはできませんが、複数人が参加する会議や打ち合わせはできるだけまとめるようにしましょう。

遠隔で会議に参加する

続いて、「Rearrange・順序変更・交換」の観点から考えてみましょう。

どうしても参加しなければならない会議もたくさんあるはず。しかし、あなたの予定に合わせて調整すると、共有や決裁、問題解決が先送りになってしまいます。

ですから、どうしても参加しなければならないときは、ビデオ通話やビデオ会議の機能を使って、外部の場所から参加することをおすすめします。ビデオ通話以外にもスカイプ、Ｚｏｏｍ、その他のビジネスチャットなど、外から会議に参加する方法はいくらでもあります。

また、参加者全員が、そういったツールを使えるようにしておけば、集まることなく会議を開催することができます。

やってみればわかりますが、高解像度のビジネスチャットなどを使うと、まったく違和感なく会議を進行することができます。

その場にいなくても会議や打ち合わせに参加する工夫も、プレイングマネジャーには求められるのです。

部下の「報連相力」を高める

最後は「Simplify・単純化」です。

ここで考えるべきは、部下の「報連相力」を高めること。

報告・連絡・相談を受ける際、部下の話が冗長だと、あっという間に時間が経ってしまいます。

そこで、結論から手短に話す話法「**PREP法**」を教え、話してもらうようにするといいでしょう。

PREP法は、次の4つの手順で話してもらう流れです。

Point（結論）：じつは、販促企画の決裁の方法について助言をいただきたいのです。

Reason（理由）：というのも、なかなか意見がまとまらなくて困っています。

Example（具体例）：コストを優先するか、効果を優先するかの判断でもめています。

Point（結論）：現状を考えると、マネジャーならどの観点を重視されますか。


部下にこの流れを意識して話してもらうと、日々の報連相の効率化を図ることができます。

POINT

「会議は必ず出席するもの」という常識を疑うことからはじめよう。

職場全体の手間をなくす2つの視点

個人の努力ではなく、職場全体の努力で効率を高める

当然ですが、プレイングマネジャーは、自身の業務だけではなくチームの生産性を上げるために、職場全体の手間を省くことも考えなくてはなりません。

こう聞いて「どこから手をつけていいかわからない」と思った人も多いでしょう。

そんなときは、次の2つの切り口で考えると整理しやすくなります。

1つは、「会議」と「記入」の無駄を減らすこと。

もう1つは、バラつきをなくすため「業務の平準化を図ること」です。特定の人、特定の期間に業務が集中していると、長時間の残業が必要になるなど、ピンポイントに強烈な負荷がかかってしまうからです。

この2つの切り口で業務を効率化するときは、「Eliminate・排除（職場でなくすこと）」「Rearrange・順序変更・交換（平準化する）」「Simplify・単純化（作業の省力化）」の3つのフレームにフォーカスするといいでしょう。

次に、私がタイムマネジメント研修で実際に紹介しているｔｉｐｓを挙げてみましょう。

Eliminate：会議、文字入力の無駄を排除する

▼「会議」「打ち合わせ」の時間を減らす（廃止、短縮）

・広報や共有だけの会議・議題は廃止（メール、ビジネスチャットで共有）
・やめても結果に影響しない会議、議題は廃止
・必要最小限の人数で実施（会議は8人まで、ブレストは18人まで）
・会議で資料を読む行為を禁止（2日前までに関係者に配付し、読んでから参加）
・各議案の所要時間を決め、延長しない（進行役、タイムキーパー役を決める）

▼「文字入力」を最小化する（書類やメール）

・活用されていない報告書、資料の改廃

・会議の資料は1枚ですませる（分厚い資料は書く人はもちろん、読む人も手間）

・議事録は廃止（経団連が2017年に実施した調査によると、議事録を廃止したことで効率化の効果があった会社は75％）

Rearrange：業務を平準化する

▼メンバーの業務量の平準化を図る

・1人あたりの適正な業務量を決めておく

・ペア制にして、業務をシェアできるようにしておく（有給休暇の取得、残業削減にも好影響）

・知らないところで、同じ業務を複数人がやっていないか確認する（担当を決める、資料を職場の共有フォルダで保管する等）

▼「期末、月末など繁忙期のピーク」の平準化を図る

・中間の締め切り日を設定し、業務のピークを分散（各期間の業務量を数字で把握しておくと偏りを把握しやすい）

Simplify：作業の省力化

・本文なしの「件名のみ」メールを奨励する（社内メールのみ）
・単語登録、文章登録機能の使用を推奨する（メール作業が6〜10倍加速）
・スマホの音声入力機能を推奨する
・企画書、報告書はひな型を用意し、文章の一部修正で対応することを推奨する
・ラジオボタン、プルダウンを活用する（フリー記述を最小限にする）

職場全体のことはみんなで決める

職場全体の無駄を削減する際は、マネジャー1人で決めるのではなく、部下の力を借りながら進めるようにしましょう。

たとえば、業務改善委員を決め、マネジャーに提案をしてもらったり、月に1回、業務改善ミーティングを実施し、問題と対策を考えるようにするなど、方法はいろいろあります。

「やらされ感」のある取り組みほど、やる気の出ないものはありません。自分たちで決めるからこそ、納得感を得られるわけです。

ぜひ、メンバーが主体性を持って自ら業務改善に取り組む流れをつくってください。

POINT

職場の手間はチーム全員の課題だと考えよう。

無駄に人を増やさない

人を増やす前に、やっておくべきこととは？

「そこに担当がいるから、無駄な仕事がなくならない」

これは、パナソニック株式会社コネクティッドソリューションズ社社長の樋口泰行《ひぐちやすゆき》氏が、ある講演で語った言葉です。

樋口氏は、同社の社長に就任した際、社内向けの作業があまりにも多いことに危機感を持ったそうです。事業会社であるのに、「お客様に意識が向いていない」と。

とりわけ、気になったのが、全社員が上司に提出する「週報」。それをうまく書くための指導までなされていたと言います。

そこで、社長命令として週報をなくすよう指示したところ、想定外のことが起こりました。たしかに週報はなくなったのですが、名前を変えて水面下で書面による報告が続いていたのです。

なぜそんなことになるのか、不思議に思って調べると真因が判明します。

じつは、同社には週報を管轄する部門があったのです。当然そこには担当者がおり、その仕事をなくすわけにはいかなかったのです。

経営のプロである樋口社長ですら、盲点だったと言います。

人を増やすから無駄が増えるという現実

さて、あなたのチームはどうでしょう。

人がいるせいで仕事が減らない、それどころかむしろ増えてしまっているといったことはありませんか。

以前、ほかの会社では3人くらいでやっている仕事を、6人でやっている会社とおつき合いしていたことがありました。同じ仕事量を倍の人数でやっているわけです。

きっと、余裕を持って働いているのだろうと思ったのですが、実際は、3人でやっている会社よりも忙しそうでした。**人員に余裕があるので、よかれと思ってよけいな工夫を重ね、自ら仕事を増やしてしまっていたのです。**

一見するとホスピタリティの高い仕事に見えるのですが、客観的に見ると、そのほとんどは、合目的的ではない無駄でしかなかったのです。

研修でクライアント企業に伺うと、「人が足りない」という声をよく聞きます。**しかし、安易に人を採用すると後戻りできません。**

人を増やす前にやるべきことはたくさんあります。ぜひ一度、ご自身とチーム全体の業務を見直してみてください。

POINT

マネジャーは、安易に人を増やすことの恐ろしさを肝に銘じよう。

第4章

あなたがいなくても仕事がまわるチームのまとめ方

「方針」を伝えれば、部下は自分で動けるようになる

席にいないからこそ、わかりやすい人になる

プレイングマネジャーは、ずっと自席に座っているわけにはいきません。むしろ、席を外している時間のほうが長いという人も多いのではないでしょうか。

ですから、プレイングマネジャーが意識しなければならないのは、自分が留守のときでも、メンバー1人ひとりが、〝ちゃんと〟自分で考えて、〝ちゃんと〟行動できるようにしておかねばならない、ということです。

ここで言う、〝ちゃんと〟とは、マネジャーが「こうあるべき」と考える行動指針のことです。

マネジャーが不在時にメンバーが判断に迷ったとき、自身の考え方が組織の基準に

なることを考えておかねばなりません。

だからこそ、明確に「方針」を示しておかなければならないのです。

また、プレイングマネジャーは、どうしても目先のことに目がいきがちです。これは、ある意味仕方のないことではありますが、その結果、お客様や取引先への対応が二の次になってしまうというケースが多々あります。そうなってしまっては元も子もありません。

短期業績しか見ていない組織は、どうしても内向きになりがちです。つまり、お客様よりも、目先の業績を優先してしまうということ。すると、強引な営業やお客様へのアフターフォローが後まわしになってしまうといったことが起こります。

その結果、ちょっとした対応のまずさからクレーム対応に追われ、しだいに業績が悪化する、そんな時限爆弾を抱えることになりかねません。

こういったことを防ぐためにも、マネジャー自身が自らの方針を明確にし、メンバーに浸透させることが不可欠なのです。

もちろん、マネジャーの方針は、対お客様にかぎらず、「挑戦心を忘れない」「つねにチームで成果を上げることを意識させる」といった内容でもかまいません。

キャッチフレーズをつくりチームに浸透させる

では、具体的にどうやってチームに方針を浸透させればいいのでしょうか。

有効なのは、キャッチフレーズをつくり壁に貼る、会議などの際に決めゼリフとして言い続ける、ペーパーにしてメンバーに配付するなどして、しつこいくらいに伝えることです。

地道な方法に思えますが、自身の思いを他人に浸透させるには、これしか方法はありません。

一例を紹介しましょう。

ある有名婚礼式場の支配人は、旧態依然とした業界と自社の現状を打破するため、チャレンジングな提案、判断を活発化させたいと、「前向きなミスは歓迎する」という行動指針に、自身の思いを書き添えたペーパーを従業員に渡しています。

また、大手求人広告会社の営業マネジャーは、目先の数字にとらわれず、つねに顧客目線に立った広告を制作するという行動指針を浸透させるため、「1人ひとりが幸せを感じるマッチングを！」というキャッチフレーズを印刷した、机に立てるプレートを部下に渡しています。

私自身も、リクルートの求人広告部門で営業マネジャーをしていたころ、「期待に応えるだけでなく、期待を超えること」という言葉を四六時中口にしていました。難しいことではなく、むしろ単調な業務において、顧客の期待を超える言動をとり続けることが、圧倒的な優位性を生み出すということを、メンバーに浸透させたかったからです。

その結果、メンバー1人ひとりが「どうすればお客様に喜んでもらえるか」と真剣に考えるようになり、面接や離職防止に関する資料をお客様に渡すといったさまざまなアイデアが生まれました。

このように、方針が決まったらそれに沿って働いている部下を褒め、そうなっていないなら、ミーティングで反省材料としてみんなで考えることを促す、ということを繰り返し、方針を浸透させていくのです。

目先の業績がいい、仕事がうまくまわっている、というだけで合格点を与えてはいけません。

毎日写真を撮って社員に自分の思いを伝える経営者

エグゼクティブのやり方も参考になります。

現場の社員と顔を合わせる機会の少ない大企業の経営者は、つねに自分の考え方を示すことに腐心しているからです。

たとえば、「日本のおもてなしを世界へ」を標榜する星野リゾートの星野佳路《ほしのよしはる》社長。

国内外、約50拠点で旅館やホテルなどを展開している会社です。

同社は、トップの知らないところで社員がヒット企画を生み出し、それが競争力の高さにつながっていることでも有名です。

じつは、その裏に星野社長が自身の思いをすべての従業員に伝えるための工夫が隠されています。

星野社長は毎日100～200枚の写真を撮影、取捨選択したうえで、会議で使用

したり、社員向けのブログ「佳路タイムス」で社員に発信しているそうです。

たとえば、自社ホテルのバス停に人が並んでいる様子を撮影し、「まわりに美しい初夏の新緑があるのに、バスを待ちながら楽しめるようになっていないよね」とブログにアップする。

面と向かって会うことの少ない従業員に対しても、つねに気づきを促し、改善のきっかけを提供しているのです。

現場に対して「こうしなさい」「ああしなさい」と、直接言わずに、自身の理想とするおもてなしの妙味を全従業員に伝え続けているのです。

さて、結論です。席を外しがちなプレイングマネジャーは、日ごろから意識的に自身の大事にする価値観をメンバーに伝える工夫をしましょう。それが、自分がいなくてもメンバーが勝手に動くチームをつくるための第一歩なのです。

POINT

方針を徹底するには、粘り強さが必要。

「未来予想図」でメンバーの心を1つにまとめる

メンバーの思いを1つにする

自分がいなくてもメンバーが勝手に動くチームをつくるためには、一体感を高めることが不可欠です。

あるメンバーは、「ホスピタリティが大切だ」と言い、あるメンバーは「効率が最優先だ」と言う……。どちらも大事ですが、これではチームは1つになりません。

よくいるのが、与えられた目標を「絶対に達成しよう！」と発破をかけて結束力を高めようとするマネジャー。**「目標を達成するために仕事を頑張る」、これでは面白みの欠けたマネジャーだと思われるだけです。**

もちろん、与えられた目標を達成する、プロジェクトを成功させる、後輩を一人前に育てる、業務効率を改善する、といったことは大切ですが、それは業務の範疇。そんな当たり前のことを声高に叫ぶだけで、部下の心を動かせるはずはありません。

メンバーの心を1つにまとめるためには、「なんのために仕事をして、何を成し遂げるのか」を明確に示す必要があります。そうでなければ、部下の気持ちを動かすことはできないのです。

これは、チームを束ねるうえで極めて基本的な考え方なので、経営者やエグゼクティブは当たり前のように知っていることなのですが、多くのプレイングマネジャーはこの法則を知りません。教わる機会がないからです。

マネジャーとして成果を出すためには、まずこの法則を知らねばならないのです。

自分たちのためではなく、「誰か」のため

プレイングマネジャーは、自身が何を実現したいのか、そんな「未来予想図」を明確に示しておきたいところ。こう聞くと、難しいように思えますが、じつは、次の3つの要素を盛り込むだけで、簡単につくることができます。

1つ目は、「誰かのために」という観点。

効果的な未来予想図は、「我々（We）がナンバーワンになろう」といったことではありません。自組織の外にいる人々（They）のために戦う、といった構造です。たとえば、お客様やこれからお客様になってくれる人々、取引先、社内の関係部門なども「They」にあたります。

「我々は、彼らのために戦う」これが1つ目の観点です。

2つ目の観点は、「Before・After」の観点。

自分たちが戦うことで、何をどのように変えたいのか、ということです。放っておけない状況（Before）を伝え、こんな素晴らしい状態にしたい（After）と訴えます。

3つ目の観点は、「なぜそこまでして、この戦いに挑まなければならないのか」という観点。 いわゆる使命感です。

「それが役割だから」ではまったくダメ。「They」の「Before」を放っておけない理由を具体的に示しましょう。

マネジャー自らの経験や、自身が目の当たりにしたお客様の惨状など、実際に見たこと、聞いたことを盛り込むことでメンバーの心を動かすことができるのです。

思いを語り、「求心力」を高めたプレイングマネジャー

1つ、実例を紹介しましょう。

以前、私のリーダーシップ研修を受講した、求人広告を扱う広告代理店の営業課長。彼は、千葉県エリアの責任者をしていました。

研修後、「我々はなんのために頑張り、誰のために戦うのか……」と、数日間考え抜き、自身の実現したい「未来予想図」が見えてきたそうです。

彼は、ミーティングの際、部下に向けてその未来予想図を次のように語りました。

折り入って私の思いを伝えたい。私が成し遂げたいことはただ1つ。

東京に通勤せざるを得ない千葉県在住者に、地元で働く提案をすることだ。

千葉から東京に通勤すると、家に帰るのは8時ごろ。とても、子どもとキャッチボー

ルはできないだろう。つまりそれは、夕方に子どもと遊べない生活を選択することでもある。

このなかで、夕方、お父さんと遊んだ思い出のある人はいるかな？　いるよね。そんな当たり前のことが、東京で働く千葉県民にはできないんだ。

今、東京に働きにいかざるを得ない状況があるのはたしかだ。でもどうだろう。我々がもっと千葉の求人案件を開拓したら、県内で働く人が増える。それは、6時過ぎに帰宅し、子どもとキャッチボールできる人を増やすことと同じではないだろうか。

今は、毎朝東京方面の通勤電車が満員だ。でも、いつの日か、内房線、外房線の下り電車をビジネスパーソンでいっぱいにしたい。

そんな志を持ってみんなと一緒に戦いたい。

この言葉は、メンバーの心を動かしました。

まず、お客様への営業トークの内容が変わりはじめました。「我々は、千葉の人と企業のために頑張る」。ほかの広告会社はこんなことは言いません。

その気持ちは千葉の企業を動かすこととなり、最終的に顧客から高い評価を得るようになりました。当然、業績も上がったことは言うまでもありません。

まさに、未来予想図を語ることの効果をうかがえる事例でしょう。

さて、結論です。

「ナンバーワンになろう」「目標を達成しよう」と言うだけでは部下の心は動きません。現場を知るプレイングマネジャーは、「They」の不満や不安、不便をリアルに把握しているはず。そこから自分の使命感を奮い立たせてみてください。

プレイングマネジャーが、「They」の代弁者となれたとき、これほど説得力のあることはないでしょう。

間違いなく部下からの求心力とチームの一体感は高まります。

POINT

具体的な「未来予想図」を語り、メンバー全員の〝目的〟を合致させよう。

未来予想図を「挑戦」に昇華させれば、チームはまとまる

未来予想図に「締め切り」を設ける

前項で、「未来予想図」をつくり、メンバーの心を1つにまとめようと述べました。しかし、ただ未来予想図をワクワクと語るだけでは、メンバーはこう思うことでしょう。「それはよくわかった。でも、具体的に何をしたらいいのか」と。

次にやるべきは、未来予想図に締め切りを設定し、「チームの挑戦」に仕立てることです。

先ほどの、千葉の広告代理店の営業課長の例を紹介しましょう。

彼は、部下に未来予想図を語ったあと、会社で決められた売り上げ目標とは別に、

「千葉で仕事をする人を３カ月で80人つくる」、という具体的な挑戦を掲げたのです。

これは、かなりユニークな取り組みです。私はかつて約20年間、人材ビジネスの業界にいましたが、そんなことを言った人は聞いたことがありません。

彼の事業は、広告の掲載料金で成り立つ求人広告業ですので、転職者が何人増えようが、短期的な売り上げには関係ありません。

当初、メンバーも戸惑っていましたが、営業課長の強い思いに心を打たれ、「やろう」と決めました。

すると、メンバーの提案内容が変わりました。

いくらいい求人広告をつくって応募を増やしても、面接に問題があれば転職希望者から選んでもらえません。そこで、面接の仕方や選考の仕方までしっかりとレクチャーを行ったのです。

広告主が求めるのは、上手なプレゼンではなく、きめ細かなアフターフォローです。ですので、お客様からの評価は上がり、この取り組みはすぐに成果になって表れました。

80人の目標を軽く超え、なんと１００人を超える採用が決まったのです。

そして、売り上げ目標も史上最高を達成したのです。

プレイングマネジャーは、独自の目標を設定すべき

このように会社から与えられた目標とは別の挑戦目標のことを、「アスピレーション（志）」と呼びます。

このアスピレーションを活用してチームを一体化させることこそ、マネジャーがやるべきことなのです。

もし、イメージできなければ、正式な目標より高い目標を掲げる、メンバーが未来を想像できるよう、半年先や1年先の目標を決めるということでもかまいません。

それだけでも、メンバーの気持ちを1つにしやすくなります。

POINT

締め切りを設けると、未来予想図が「自分事」になる。

プレイングマネジャーに「ナンバー2（参謀役）」が不可欠な理由

「遠まわり」をしないために

序章で、自分がいなくても勝手に動くチームを築くためには、「連結ピン」となる、参謀役が必要であるとお伝えしました。

たとえば、あなたが会議に出席できなくても、あなたの代行者となり、やるべきことをやり、伝えるべきことを伝えてくれる。

メンバーが新たな挑戦に不満を持っているときには、あなたに変わって「私に任せてもらっていいですか？」と対応してくれる、そんなあなたの分身です。

いくらマネジャーが説得を重ねても、部下が納得しないことはあるものです。

そんなとき、信頼できる参謀役が、「私は、マネジャーの言うとおりだと思うよ。

だってね……」と、第三者視点から説得してくれれば、あっという間に解決できたりもします。

さて、このとき大事なのは、誰を参謀役にするのかということ。こう聞くと、社歴の長い人、部下のなかで最年長の人などを思い浮かべると思います。

しかし、人選の基準は、社歴でも年齢でもなく、次の2つのポイントを満たしている部下にしてください。

・あなたの思いに賛同してくれる人
・同僚から一定の信頼を得ている人

該当する人がいれば、「私が席にいないことが多いので、サポートをお願いしたい」と伝えましょう。もし、まわりにそういった人物がいないということなら、育てていく必要があります。

参謀役を育てる5つのポイント

参謀役を育てると言われても、どうすればいいかわからないという人も多いことでしょう。そこで、育て方のポイントを整理しておきましょう。

ポイントは次の５つ。マネジャーと参謀役候補の〝目線〟を合わせることを重視してください。

①参謀役としての自覚を持たせる

大前提として、「マネジャーの代行者として、チーム運営の主体者になってほしい」ということを明確に伝えましょう。

②つねに問題の目線合わせをしておく

たとえば、「今月の業績は10点満点で何点か？」「今、チームに何が不足しているのか？」といったことを、マネジャーと同じ目線で考えられるようにしましょう。

その都度アドバイスをすることで、部下に盲点を気づかせることが大切です。

③課題設定力を鍛える

経験の少ない部下は、問題が発生すると、課題を絞ることなくいきなり対策案を立てようとしがち。ですから、目の前の問題を解決するためには、うまくいった要因、いかなかった要因を整理し、優先順位をつけて、何を課題とすべきか？　ということを考える癖をつける必要があります。

「なぜ、その対策？」「ほかに方法はないのかな？」と、ことあるごとに質問するようにしましょう。

また、課題設定の精度を高めるために職場、業務の現状を収集しておくよう指示を出すことも大切です。

④対策を考える際の基準を設定する

部下が対策を決める際、複数の案を考え、そこから「基準」に従って絞る訓練をしましょう。基準に対する視点を、マネジャーの考え方とそろえておくことも教育の1つです。「費用対効果」「実行性」「コンプライアンス」という3つの観点から、最良の案を選ぶことを教えるのがおすすめです。

⑤PDCAをまわすよう指導する

やりっぱなしにしてはいけません。もし、うまくいかないなら、どこに課題があるのかを考え、その対策を考えるよう癖をつけましょう。問題が起きたら③と④のプロセスを繰り返すということです。

以上が、参謀役を育てるためのポイントです。

もちろん、最初から全部できなくても問題ありません。教える側は、あきらめることなく、日常のやりとりのなかで、繰り返しアドバイスしていきましょう。

マネジャーと参謀役が共通の目線を持てるようになれば、かなりの部分の仕事を任せていけるようになります。

まずは、会議の進行を任せることから

最後に、参謀役となってくれる部下に、まずどの仕事を任せればいいかということを説明しておきましょう。

おすすめは、会議の進行です。

私はこれまで、数多くのプレイングマネジャーと接してきましたが、権限移譲が得意なマネジャーは、必ずと言っていいほど会議の進行を部下に任せています。

これには理由があります。**それは、メンバーに自分たちで会議を運営しているという自覚を持たせるためです。**

もちろん、重要なことを決める際は、「どうしましょう?」と判断を求められることがあるでしょう。マネジャーは、そこではじめて判断を下すようにしましょう。

ちなみに、先ほど紹介した星野リゾートの星野社長は、さらに上をいっています。社員から判断を求められたとき、星野社長は必ずこう聞き返すそうです。

「どうしますか?」と。

つまり、自分で考えて決めろというわけです。星野社長は「もちろん、自分の考えたとおりにはならない」と語っていますが、これによって社員の主体性を育てているのです。まさに、自主運営の理想でしょう。

POINT

参謀役は不可欠な存在。「自分の分身」をつくるつもりで育てよう。

チームのメンバー全員に「役割」を付与する

目指すのは「全輪駆動」の状態

ここまで、参謀役の選び方や育て方についてお伝えしてきましたが、ナンバー2が主導してくれるだけでは、組織は自走するようになりません。

チームを引っ張る人と、引っ張られる人の構図になってしまい、部下1人ひとりの主体性が生まれないからです。

クルマの車輪にたとえるなら、すべての車輪にモーターがついている、そんな全輪駆動の状態を目指す必要があります。

そのために有効なのが、全員に「役割」を付与することです。

これによって、メンバー1人ひとりの、「組織に貢献している」というマインドを高めるとともに、主体性を育てることができます。

引き続き、先ほど紹介した、広告代理店の営業課長の例を挙げましょう。

彼は、千葉県内で80人の転職者を生み出すプロジェクトを実施する際、メンバー1人ひとりに次のような役割を設定しました。

・プロジェクトの進捗をチーム内に広報する係
・スキルアップのための勉強会を実施する係
・メンバーの心を1つにするために、職場に掲示するポスターを制作する係
・新しい営業トークを考えるために、同業他社の情報を調べる係
・お客様の声（評価）をまとめ、営業ツールに反映させる係
・士気高揚のために、事務所内を飾りつけする係（転職者が1人決まるごとに、ティッシュでつくったバラを壁に貼る）

こうすることで、営業マン以外のメンバーも含めたチーム全員の主体性を生み出すことに成功したのです。

もちろん、無理に役割をつくり出そうとする必要はありませんが、目的を達成するために必要な役割を書き出し、それぞれのメンバーになんらかの役割を担ってもらうようにします。

とはいえ、部下に対して付与する役割が足りない場合もあります。

これは、私にも経験がありますが、そんなときは、メンバーと話し合い「何ができるか」を、ブレインストーミングで考えるようにしていました。

あるとき、メンバーから提案があったのが、「営業担当者におしぼりを渡す係」。猛暑のなか、外まわりをしていた営業担当者が事務所に戻った際、「お帰りなさい」と言いながら凍ったおしぼりを渡す、というものでした。

一見、無駄なことのようにも思えますが、私にはそうは思えませんでした。当時、私も自分の担当を持って外まわりをしていましたので、これがどれだけうれしいことか、明確にイメージできたからです。

これも、当時の私がプレイングマネジャーだったからこそ、理解できたことかもしれません。

役割を与えたら必ず成果を求める

役割を任せる際に、1つ留意する点があります。

それは、ただやらせるだけではなく、きちんと「成果」を求めることです。

役割を任せることは、たんに業務の遂行をお願いするのではなく「一定の効果」を期待すること。ですから、その成果を求めるのは当然です。

そのほうが、メンバーのパフォーマンスをより引き出すことができますし、結果的に本人の満足度も上がります。

たとえば、「キャンペーンへの参加意識を高める」ことを目的に、メンバーに社内広報をお願いしたとします。

このとき求める成果を、「チーム全員が、キャンペーンの目標数字と現状を把握できる状態」にすること、としたとしましょう。

ところが、任された部下は、毎朝メールを配信し続けたものの、そのメールが誰にも読まれず、ほかのメンバーが目標数字を把握できていなかったとします。

これを、そのまま放置してはいけません。

こんなときは、きちんと成果を上げられるよう、改善策を考える必要があります。その結果、メールの内容や送るタイミングを変える、場合によってはメールだけでなく、職場でアナウンスするといったさまざまな工夫が生まれるかもしれません。

部下にとってはしんどい作業のように思われるかもしれませんが、これこそ、第1章で紹介した「ラーニングゾーン」。**繰り返していけば、メンバー1人ひとりが成長を実感することができるようになります。そのほうが、本人のやりがいにもつながるのです。**

成果にコミットするからこそ、1人ひとりのパフォーマンスを引き出すことができる。こう考えるのも、プレイングマネジャーとして、成果を上げる要件だと考えておきましょう。

POINT

「役割」を与え「成果」求める。その繰り返しが人を育てる。

仕組みで「ありがとう」が飛び交うチームをつくる

「感謝総量」という考え方

「ありがとう」という言葉に、部下の自己肯定感やモチベーションを上げる効果があることは、ご存じだと思います。

私は研修で、「あなたは、この1週間、部下に〝ありがとう〟と言いましたか?」と聞くのですが、ほとんどのマネジャーは「はい」と答えます。

ところが、彼らの部下に、「マネジャーから、職場で十分に〝ありがとう〟と言われていますか?」と聞くと、ほとんどの人は「はい」とは答えません。

なぜ、このようなギャップが生まれるのでしょうか。それは、マネジャーが部下に

感謝を伝えるシーンと、部下が感謝の言葉を求めるシーンが違うためです。

上司の「ありがとう」は、資料作成など、お願い事をしてもらったことに対しての感謝がほとんど。言わば、あいさつのような「ありがとう」です。

一方、部下が求める「ありがとう」は、見えないところでやった、些細な努力に対しての感謝。たとえば、「会議室の机を拭いてくれていたんだね」「再生紙の箱を替えてくれたんだね」といった、部下をしっかり観察していなければわからないことに対する、感謝の言葉を望んでいるのです。

とはいえ、プレイングマネジャーは席にいないことが多いもの。部下の動きを逐一観察するのは、至難の業と言えます。

だからこそ、マネジャーがいなくても、部下が感謝の言葉を受けとることのできる〝仕組み〟をつくらなければならないのです。

おすすめの方法があります。

マネジャーからだけでなく、同僚、もしくはお客様などから感謝される機会を意識的につくることです。

私はこれを「**感謝の総量を最大化する**」と呼んでいます。

次ページの図をご覧ください。

このように、「マネジャー」「同僚」「お客様」、この3者から、それぞれ感謝の言葉を受けとる機会をつくるのです。

具体的にどうすればいいのか、それぞれ説明していきましょう。

①マネジャーが感謝の機会を増やす方法

・職場を観察し、小さな変化を見つける

・ある部下のことを別の部下に聞き、感謝することを探す

・「情報共有シート」などから、感謝することを探す

・チーム内でミニ表彰を設け、頑張った人にマネジャーが感謝の気持ちを示す

マネジャーが、感謝することを探す際は、普段、見落としがちな〝ちょっとしたこと〟に着目するといいでしょう。

感謝総量を最大化する仕組みをつくる

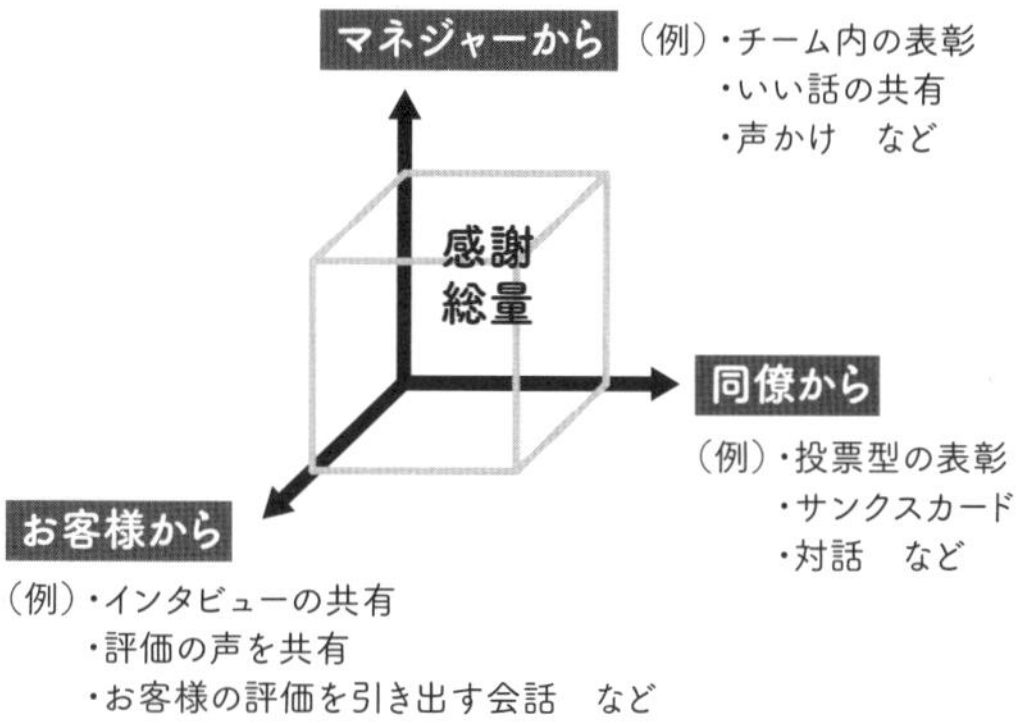

②同僚から感謝される機会を増やす方法

・職場でスタッフ同士がいい仕事をした人を表彰する
・サンクスカードを導入する
・ことあるごとに、チームを編成する

サンクスカードとは、部下にカードを配り、それに、感謝の言葉を記して、いい仕事をした人に渡してもらうものです。直接渡す、投票箱を用意する、壁に貼るなどの方法があります。

また、職場内は見えない派閥に分かれていることが多いもの。

この派閥を超えて「ありがとう」を言う機会は多くありません。そこで強制的にチームをつくることで、かかわりを持たせることが有効です。

既存のチームを定期的にシャッフルする、臨時のプロジェクトチームをつくるなどして、つねに新しい人間関係をつくり出しましょう。

同僚からの感謝の言葉を増やすときは、かぎられた人からだけでなく、より多くの人から受けとれるよう工夫することが鍵になります。おたがいの関心を高めることで、いい職場をつくりましょう。

③お客様・取引先から感謝される機会を増やす方法

・情報共有シートに「お客様からの期待、お褒めの声」の項目を入れる

・各メンバーが集めたお客様からの感謝を、週に1度、ミーティングで共有する

チーム全員が、お客様からの評価を受けとれる仕組みをつくることは、非常に大切です。

感謝の言葉だけでなく、同時に期待の声（足りない点）も共有することで、新たな課題を見つけることもできます。

このような仕組みを意図的につくっておけば、あなたが席にいなくても、部下がたくさんの感謝の言葉を受けとれる職場になるのです。

POINT

「ありがとう」は、部下の主体性を生む魔法の言葉。

第5章

部下の主体性とやる気が高まるプレイングマネジャーの考え方

たとえ足を引っ張っても、絶対に「ゴメン」と言ってはいけない

マネジャー自身がスランプに陥ったときにやるべきこと

プレイングマネジャーが、どうしても萎縮してしまうときがあります。

プレイヤーとして、自分がチームの足を引っ張っているときです。

とくに、目標に届くか届かないかというシチュエーションであれば、そのプレッシャーは大変なもの。「チームに迷惑をかけている」と、気おくれしてしまう気持ちもわかります。

しかし、足を引っ張っているときこそ、明るくいかなければなりません。萎縮した上司ほど、職場の雰囲気を悪くするものはないからです。

もちろん、無邪気に笑っているだけでは、部下は不満を持つでしょう。しかし、「こ

んなこともある」くらいに思っていないと、部下へのアプローチがおかしくなります。
とくに「マジメ」な人ほど注意が必要です。

プレイングマネジャーが自身の成績が上がらないときに、絶対に言ってはいけないセリフがあります。それが「足を引っ張ってゴメン」です。

むしろ、そんなときこそ、部下に向かって「チームの業績を支えてくれて、ありがとう!」とお礼を言うべきです。

「自分も頑張るから、ぜひ、これからも支えてほしい」と言えばいいだけです。

そもそも、スランプだというだけで、部下はマネジャーに対する評価を下げたりすることはありません。実際、部下は、「マネジャーにも、こんなことがあるんだ」くらいにしか思っていないのです。

部下が見ているのは、そのときの奮闘ぶりと、毅然とした態度をとり続けられるかどうか。ここでマネジャーが奮闘すれば、むしろ、部下にとって勉強になります。

マネジャーの言動は部下へのメッセージ

以前、私の上司だった人がスランプに陥ったことがあります。

しかし、部下に弱気な表情を見せることはいっさいありませんでした。

それどころか、1人で会議室にこもり、朝から晩まで一心不乱に営業の電話をかけ続けていたのです。

そんな姿を見て、「この人、ここまでやるのか。すごい……」と思ったものです。

マネジャー自身が萎縮するということは、部下に対して「業績の悪いときには、萎縮しなさい」と、伝えているのと同じです。

マネジャーの言動は、部下へのメッセージなのです。

自身のプレイヤーとしての成績が思うように上がらないときは、下支えしてくれている部下に感謝の気持ちを伝え、自身の奮闘ぶりを見せるようにしてください。

それも、部下に対する教育の1つなのです。

POINT

「誰にでもスランプはある」。
そんな大きな心で仕事に向き合おう。

成果を出すマネジャーは「落ちこぼれ社員」を宝物だと考える

「ふさわしい持ち場」を用意する

あなたのチームに、なかなか結果を出せないちょっと困った部下はいないでしょうか。

とくに、プレイングマネジャーは、彼らを見てイライラしやすいものです。

自分には「できる」ので、そんな簡単なこともできない、もしくは、本気でやろうとしない彼らを見て、ストレスを感じる人は少なくありません。

こんなときこそ、マネジャー自身の「考え方」が試されます。

外資系企業の場合、結果を出せない社員は、基本的にはクビを宣告されます。

以前話を伺った、ある大手ＩＴベンダーのアメリカ本社に勤める役員は、「下位30％の成績の社員にリストラ予告をする」と言っていました。

また、そこに同席していた、大手化学メーカーのスイス本社に勤めるゼネラルマネジャーは、「それはハードだ！」と言いながら、「ウチは下位８％」と言っていました。

経営判断としては有効な策なのでしょうが、私は「もったいない」と感じました。「彼らを生かしきれていない」と考えたからです。

成績の上がらない部下にも生かす方法があり、それを考えられるかどうかで、成果が変わるという事例を私は何度も目の当たりにしてきました。

では、どうすればいいのか。

彼らを「送りバント役」だと考えるのです。

ご存じの方がほとんどだと思いますが、「送りバント」とは、野球の作戦の１つで、出塁した選手を進塁させるために、ピッチャーが投げたボールをバットにちょこんと当てて、ボールを前に転がすことを言います。自分がアウトになる代わりに走者を進塁させることが役割というわけです。

つまり、彼らに対してホームランやヒットは打てないかもしれないが、「送りバント」なら打てるはず、と考えるということです。

なかなか結果を出せない社員にも、「送りバントで周囲を助ける」という、生きる道があるのです。

詳しく説明しましょう。

どうしようもない部下も、戦力に変えられる

有名な話ですが、どんな組織でも、従業員は「優秀層2割、中間層6割、下位層2割」に分かれるという、2：6：2の論理が働いています。

「送りバント」とは、優秀層と中間層を合わせた8割の人が、より成果を出せるよう、残り2割の人に、縁の下で支えてもらうという考え方です。

1つ、具体例を挙げましょう。

私がプレイングマネジャーだったころ、S君という部下がいました。

彼は本当にどうしようもない部下で、納期は守れない、遅刻はする、平気でウソはつく、目標も達成できない、反省しない……という、かなりの問題児でした。

クビになってもおかしくはありません。

しかし、あるとき私はふと考えました。

ウソをつくことだけは見過ごせないけれど、そこを改善すれば、ほかのメンバーの支援をする役割を担えるのではないか、と。つまり「送りバント役」です。

今から、新人を採用して教育するよりは効率がいいのではないか、とも考えました。

そこで私は、次のような作戦を立てました。

まず、取引拡大の可能性が見込めるお客様と、見込みが薄いお客様とに分けました。そして、見込みの高いお客様を上位8割（2割＋6割）の部下に集中させ、残りの見込みが薄いお客様をS君に担当してもらうようにしたのです。

しかし、S君にはウソをつくという問題があります。そこで、担当を任せる前にS君にこう伝えました。

「君に重要な役割を任せたい。でも条件がある。それはウソをつかないこと。1回でもウソをつくことがあれば、この仕事は任せられなくなる。どうかな？」と。

本人も思うことがあったのでしょう。「よろしくお願いします！」という前向きな返事をくれました。

その結果、仕事のできる部下に、より成果が見込める仕事を集約することができたため、チーム全体の業績は向上しました。

その後、S君は部署異動になってしまったので、この作戦は1年で終了してしまいましたが、十分な成果を出すことができました。

ちなみに、この1年間、S君は一度もウソをつきませんでした。

異動先で、またウソをついていると聞いたときは、がっくりときましたが、人格と能力はそう簡単に変えることはできないということを学びました。

でも、この経験から、「それでも生かし方はある」とも悟りました。S君が支えてくれたおかげで、業績が上がったことは、まぎれもない事実だからです。

「チームのために送りバントをしてくれるなら、少なくとも自分にとっては宝物だ」

こう考えることで、より多くの人材を生かすことができるようになるのです。

POINT

「全員で成果を出す」と考えれば、残り2割の人材の生かし方が見つかる。

「無理なものは無理」と考える

マネジャーの「目先の判断」が、組織を狂わせる

部下がやる気を失う理由の1つに、「マネジャーが断りきれず、無理な仕事を受けてしまう」というものがあります。

とくに、目先の数字に目がくらんで、倫理的に問題があったり、部下のプライドが傷つくような仕事を受けてしまうと、部下からの信頼を完全に失うことになります。

たとえば、チームのキャパシティを超えた大型契約。

どんなに大口の契約でも、チームの状況によっては、断らなければならないこともあるわけです。それなのに、プレイヤー視点で、「もったいない」と安易に受けてし

まうと、組織がおかしくなってしまいます。

マネジャーは、毅然とした態度で「無理なものは無理」と言わねばならないときがあります。「マネジャーはプレイヤーとは違う」ということを強く認識しなければならないのです。

私のプレイングマネジャー時代の失敗談を紹介しましょう。

プレイングマネジャーになったばかりのころの私は、目標数字を達成するために必死で働いていました。

あるとき、営業先から大型注文をもらいました。しかし、ほっとしたのも束の間、社内の商品規定にひっかかり、契約できないことがわかったのです。

まさに青天の霹靂。そこで、お客様に「規定をクリアしてほしい」とお願いをしたところ、「1週間はかかる」と言われ、絶体絶命の状態に。その日中に規定をクリアできなければ、キャンセルしなければならない案件だったのです。

本来なら、キャンセルすればいいわけですが、かなりの大型契約だったので、どうしてもあきらめきれず、商品管理の責任者に電話をかけて事情を説明し、契約を認めてもらうようお願いしました。

規定をクリアしていないといっても、些細なことだったので誰にも迷惑をかけないと思ったからです。

すると、責任者からこんな答えが返ってきました。

「それは、マネジャーとしての判断ということでいいの?」

「はい、1週間後に解決しますし、誰にも迷惑をかけませんので、ぜひお願いします」

「了解。じゃ、そうしよう」

これで、大型契約のキャンセルは免れました。

マネジャーには、一貫した判断が求められる

その数時間後、私は上司である支社長に呼び出されました。

そして、役員室に入った瞬間、怒鳴り声を浴びせられました。

「今、商品の責任者から連絡をもらった。マネジャーが社内規定を破るのはあり得な

い！　プレイヤーじゃないんだぞ！　人に迷惑をかけるかどうかの話ではない。規定を破っているのが問題なんだ。もし、今後部下が同じようなことで相談にきたら、おまえはＯＫを出すのか。だとするなら、辻褄が合わないぞ」

たしかに、このときの私は、プレイヤーとしての視点でしか物事を考えていませんでした。私は猛省し、すぐにキャンセルをかけ、この一件は未遂に終わりました。

もちろん、私は不正を働こうと思ったわけではありません。むしろ、会社の数字に貢献しようと一生懸命でした。しかし、部下は社内規定をしっかりと守っているわけです。これでは立つ瀬がありません。ときには、その一生懸命さが問題を引き起こすことを覚えておかなければなりません。

プレイングマネジャーは、目先のことに懸命になるほど、視野が狭くなり、その後の影響を考えずに安易な判断をしてしまいやすいのです。

「値引きはするな」と言っているのに、数字が厳しくなると値引きをする。

目標を達成させるために、自爆（自社商品を自分で買うこと）を黙認する。

残業を削減しようと言っているのに、キャパシティオーバーの、無理な契約をとってくるよう指示を出す……。

こんなことをしていると、普段からきちんと言いつけを守って働いている部下は、とてもついていけなくなります。

プレイングマネジャーは、マネジメントが主たる役割であることを忘れてはなりません。目先のことだけではなく、影響の範囲も考えたうえで厳しい判断ができてこそ、仕事をしたことになるのです。

正しい判断ができるマネジャーだからこそ、部下から頼りにされますし、仕事にプライドを持てるようになります。

目先のことで判断せず、「無理なときは無理」と言う。これは、職責放棄でもなんでもありません。

その一貫した姿勢こそが、部下のプライドを醸成し、チームを強くすることにつながるのです。

POINT

自分の数字に「マジメ」になるのではなく、自身の判断に責任を持つ。

データ収集は、〝適当〟でいいと考える

未来を約束する「データ」はどこにもない

何か新しい企画やサービスを社内に提案する際、確度を証明するデータを求めてくる慎重な人がいます。組織で仕事をする中間管理職である以上、彼らを説得できなければ前に進むことはできません。

とはいえ、時間のないプレイングマネジャーが、提案や判断の確度を上げようと、時間と手間をかけて膨大なデータを収集することは、無駄でしかありません。

もちろん、部下に同様の手間をかけさせることも無駄。たんに、部下の時間とやる気を奪うだけです。

たしかに、物事を判断するとき、データは重要な判断材料になります。

しかし、いくらマジメにコツコツデータを集めても、物事の傾向が見えてくるだけで、未来を約束するたしかな根拠が見つかることはないのです。

メディアで紹介される経済動向の予想が、いい加減なものであることを、あなたも知っているはずです。

「考えながら動く」ことが大切

現在、多くの経営者は、「5年後のことすらわからない」と言います。

ですから今は、時間をかけてデータを集め、確度を追求するのではなく、さっさと「小さな実験」をして、物事を判断するのが正解なのです。

シリコンバレーの投資家たちはこう言っています。

「ある人が、都合のいいデータを探しているときに、シリコンバレーの起業家は、〝小さな実験〟をはじめている」

最近では、大手家電メーカーや大手人材サービス会社でも、この「小さな実験」の手法が奨励されています。

時代のスピードはますます速くなっています。もはやデータを集めるのに時間をかけるのはナンセンス、と考える時代になっているのです。

こう考えてください。

データは、過去と現在の「一部」を示しているに過ぎない。だから、データ収集はそこそこにしておくべきなのだ、と。

企画や新たな取り組みについての確度を証明するためには、「データ2割＋リアルの声2割＋実験6割＝10割」。

これくらいの比率が適正なのです。

POINT

いくらデータを集めても、100%の確証は得られない。考えながら動いて実証しよう。

「オフィスで働く」という常識にとらわれない

本当に、毎日出勤する必要はあるのだろうか？

いつの時代も「自由を謳歌するビジネスパーソン」ほど、輝いて見える人はいません。もし、自分の上司がそんな人なら、部下は、友人に自慢したくなるかもしれませんし、働く意欲も湧いてくるのではないでしょうか。

ここで紹介するのは、あくまでも提案です。

もし許されるなら、「出社しないスタイル」の働き方に挑戦してみてはいかがでしょうか。

たとえば、「ノー・オフィスデー」。これは、

・できれば週に数回、難しければ月に数回、直行直帰を奨励する
・自宅でのリモートワークを推奨する
・最近増えている、コワーキングスペースでの仕事を推奨する

というもの。

これは、現在の「働き方改革」を推し進める潮流と完全に合致しています。

「ノー・オフィス」を推進すると、生産性が上がるという事実

何も、私は思いつきで述べているわけではありません。

アメリカの求人情報サービス「FlexJobs」が2015年に実施した意識調査（対象：2600人）によると、**「労働者の76％が、オフィスの外で作業したほうがはかどる」**という結果が得られたのです。

しかも、回答者の半数（50％）が「最も生産性が高いのは自宅」と回答。「カフェ」「図書館」「コワーキングスペース」と回答した人も12％いました。

実際、コワーキングスペースで、打ち合わせや作業をするビジネスパーソンは増えています。

会員にならなくても、1時間500円ほどの料金で利用できますので、「小さな実験」をしてみてはいかがでしょうか。

とくに、都心部での通勤によるストレスは大変なもの。また、電話や同僚から声をかけられて仕事が中断することも、ときにはストレスになるでしょう。

もちろんオフィスで働くメリットもありますが、働く場所が固定されていることで生産性が下がるということも事実なのです。

そもそも、「事務所にいる＝仕事をしている」と考えるのは、ちょっと古いと思いませんか。

ぜひ、試してみてください。

「サードプレイスオフィス」という考え方

また、会議をオフィス以外の場所で行うこともおすすめです。

ユニークな方法を紹介しましょう。

これは、私のクライアントの会社でのやりとりです。

マネジャー：「今日14時の会議は、場所どこだっけ？」
部下　　：「H1です」

「H1」とは、この会社のオフィスから徒歩1分の場所にある、英国風PUB「HUB」のことです。

「H1」の「H」は、HUBの「H」だったのです。ちなみに「1」の意味を聞きましたが、「誰も知らない」とのことでした。

カウンターでコーヒーを注文し、ミーティング。私も、こちらの会社に伺ったとき、「H1」で打ち合わせをしたことがあるのですが、とても自由な雰囲気で話ができました。

意見交換が活発になるので、アイデアを交換したり、何かを決めるときなどにおすすめです。

このように、事務所でも自宅でもない場所のことを「サードプレイスオフィス（第三の事務所)」と言います。

イギリスの「PUB」の語源は、「PUBLIC」。たんなる飲食店ではなく、議論を交わすなどの、社交の場でもあったわけです。

フランスのカフェも同様に、思想家たちが意見を交換する場でもあったことを考えると、カフェや喫茶店は、意見交換するのに理想的な場所でもあると、歴史が証明してくれていると言えます。

私自身もプレイングマネジャー時代、打ち合わせでカフェを使っていました。もちろん、独立してからも、打ち合わせの半数はカフェで行っています。

おたがいのオフィスを行き来するより効率的ですし、私もクライアントも外出していることが多いので、ともに便利な場所で落ち合うようにしています。

ただし、繁華街のいつも混んでいる店を選んでしまうと、隣との距離が近く情報漏洩のリスクがありますので、その点だけは気をつけてください。

あなたもぜひ、取り入れてみませんか。

できるビジネスパーソンは、半歩先を先取ることで時勢を味方につけます。事務所に縛られないマネジメントスタイルで成果を上げることができれば、あなたのチームへの注目は確実に高まるでしょう。

そうなれば、その働き方が全社のスタンダードになるかもしれません。

POINT

「オフィスで働く」という当たり前を疑うと、未来の働き方が見える。

最高のチームをつくるマネジャーは部下を飽きさせない

どんな仕事でも必ず飽きる

あなたは、仕事に対してどのような考え方を持っているでしょうか？

①生活のために、イヤだけど仕方なくするもの
②任された責任があるからするもの
③自分らしさを発揮できる面白いもの

これらは、次の3つの仕事観に言い換えることができます。

①レイバー（役務）：仕事は嫌い。生活するために我慢してやる感覚
②ワーク（業務）：与えられた責任だからきちんとやる感覚
③プレイ（面白いもの）：今の仕事が好きで適職であるという感覚

本書でも使っていますが、「プレイヤー」という表現は本来、自分の「らしさ」を発揮し、何かの価値を提供することに喜びを感じている人のことを指します。

私はこれまで、1万人を超えるプレイングマネジャーと対面しましたが、「③プレイ」（もしくは、「②ワーク」）の仕事観を持つ人がほとんどでした。忙しいなかでも、仕事にやりがいを感じている人が多かったのです。

きっとあなたも同じだと思います。

しかし、あなたの部下は大丈夫でしょうか。

どんな仕事でも、最初は面白いもの。しかし必ず「飽きる」時期がきます。

楽しかった遊園地も、5回目ともなれば飽きてしまう。これと同じです。

仕事も一緒。どんな刺激的な仕事であっても、どんな面白い職場であっても、マンネリになり、面白くなくなってきます。

入社時は、「プレイ」の仕事観だったのに、しだいに「ワーク」になり、人によっては「レイバー」になってしまう……。

仕事のできるプレイングマネジャーは、ここに気づいていない人も多いので、注意が必要です。

「プレイ」の仕事観であり続けるために

ですからマネジャーは、メンバーに「仕事を楽しむ」機会を提供しなければなりません。

そのために必要なのは、「あそび心」です。

マネジャーがマジメに仕事をし続けるだけでは、部下はすぐに仕事がつまらなくなってしまうことでしょう。

次ページ写真をご覧ください。これは、ある結婚式場の清掃スタッフが、落ち葉をかき集めて、「撮影スポット」をつくったものです。

スタッフに尋ねたところ、上から指示されたわけではなく、「このチャペルの前で記念撮影をしてもらったら、面白いかなと思ったのでつくった」とのこと。

このような「プレイ」の発想を部下に持ち続けてもらうために、マネジャーがすべきことは、部下に、「面白いと思ったからやる」という「あそび心」を奨励することです。

大事なのは、「ここまでやっていいのかな」という、部下のメンタルブロックを取り除くこと。マネジャー自身が率先して、「ここまでやっていいんだ」と思われるようなフェアウェイの広さを見せるのです。

私も、プレイングマネジャー時代、「あそび心」を意識していました。

お客様の会社の新人を事務所に呼んで、

簡単な研修をしてさしあげたり（当時は斬新な取り組みでした）、ノーネクタイで営業をしてみたり（当時は画期的でした）……。

ほかにも、お客様参加型のセミナーイベントをやったり、朝礼で漫才やコントのコーナーをつくってみたりと、さまざまな取り組みをしていました。

「面白そうだな」と思ったことを、実際にやってみることで、部下にフェアウェイの広さを見せることを意識していました。

その影響もあったのでしょう。当時の部下は私の知らないところで、さまざまな「小さな実験」をしていました。

さて結論です。

プレイングマネジャーはつい、部下の気持ちを忘れ、目先の業務の進捗確認に陥りがちなもの。たとえ、ルーティン業務の繰り返しであっても、職場に「あそび心」があふれていれば、部下の仕事観は「プレイ」に変わるのです。

POINT

部下に仕事を楽しんでもらうために、まず自分が仕事を楽しむ。

特別付録

覚えておきたい！プレイングマネジャーのための音速仕事術

音速仕事術1

その瞬間「音速」でメールを返信する

ここからは、特別付録として、忙しいプレイングマネジャーが覚えておきたい「スピードアップ仕事術」を紹介しましょう。名づけて「音速仕事術」。

どれも、私自身が試したうえで、自身のクライアントにも紹介し、効果があったものばかりです。

実際に試していただければわかりますが、これだけでもかなりの時間を創出することができるはずです。

まず、メールの送受信に関するワザから。

プレイングマネジャーは、要領がよくなければ務まりません。自分の仕事もこなしながら、部下や関係部署から容赦なく入ってくるメールにも対応しなければならないからです。少しメールを放置してしまうと、受信トレイは真っ黒に……。

「忙しくて、返信するのを忘れていた」というプレイングマネジャーは少なくありませんが、そうなると信頼を失いかねません。「忙しい」は言い訳にならないのです。

一般的に1通のメールを書いて送るためには、5～6分かかると言われています。10通のメールを返信するだけで、1時間かかる計算です。これに届いたメールを読んだり、添付ファイルを確認するとなると、10通で2時間程度かかることになります。

そうなると、残業して対応することが決定です。

そんな忙しいプレイングマネジャーに、知っていただきたいワザがあります。

スマホの「音声入力」です。

私は、いろいろなところで「音声入力」の有効性を紹介しているのですが、話を聞いた人からは、「仕事が画期的に速くなる」と喜ばれます。私自身、音声入力がなければ、今の仕事量はとても時間内にこなせないと感じています。

音声入力を使えば、エレベーターの待ち時間や、信号待ちの時間に、1、2通のメールはサクッと送信できます。もっと言うと、1通程度なら、エスカレーターで1階から2階に上がる間に返信できるくらいの速さです。

音声入力は、ほとんどのスマートフォンで使えますが、とくにiPhoneの音声入力はすさまじいほど高性能。ほとんど誤字がないのです。

もちろん、入力ミスは皆無ではありませんが、少し修正する程度ですみます。

実際に、やってみましょう。

まず、スマホのアプリ（次ページの画像は、私が普段使っているGメールアプリ）を立ち上げ、マイクマークを押します。

次に、実際に音声でメールを打ち込みます。

これでジャスト30秒です。

いかがでしょうか。誤字は、本来「高橋商事」と打つべきところが、「高橋正治」となっているところだけ。わずか1カ所です。ここを修正するだけで送信できます。

音声入力を極めれば、メールが溜まってしまい、部下を待たせることも、取引先を待たせることもなくなります。

さらに、音声入力は、メールだけでなく、企画書や書類作成の下書きとしても活用できます。

メールで、書類の下書きを書き、自身に送信する。それをワードなどにコピー&ペーストすれば、書類作成のスピードは大幅にアップします。

iPhoneの音声入力でメール作成（例）

株式会社山田商会
山田様

お世話になっております。
高橋正治の高橋でございます。
今日は、お忙しいなか、お時間をいただきまして
誠にありがとうございます。
すぐに調べた上で折り返しメールをするようにいたします。
引き続き、よろしくお願い申し上げます。

株式会社高橋商事
高橋

かぶしきがいしゃやまだしょうかい（かいぎょう）
やまださま（かいぎょう　かいぎょう）

おせわになっております（まる　かいぎょう）
たかはししょうじのたかはしでございます（まる　かいぎょう）
きょうは（てん）おいそがしいなか（てん）おじかんをいただきまして（かいぎょう）
まことにありがとうございます（まる　かいぎょう）
すぐにしらべたうえでおりかえしめーるをするようにいたします（まる　かいぎょう）
ひきつづき（てん）よろしくおねがいもうしあげます（まる　かいぎょう　かいぎょう）

かぶしきがいしゃたかはししょうじ（かいぎょう）
たかはし

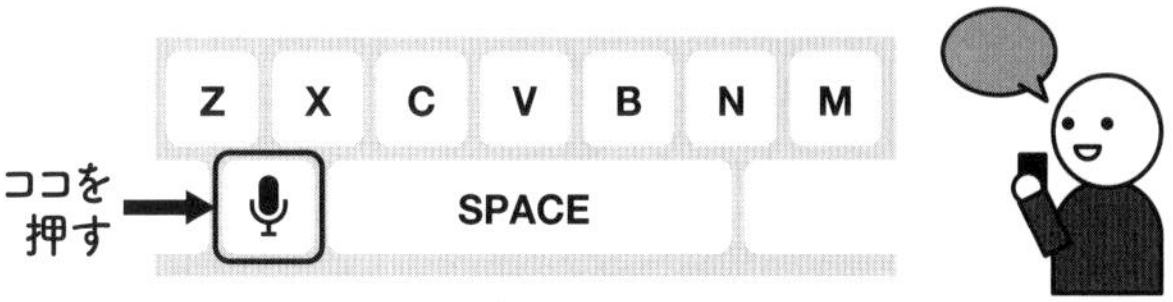

※AndroidのGoogle音声入力では、改行や句読点入力はできません。

音速仕事術2

メールの「本文」は打たない

もう1つ、メールに関するワザを紹介しましょう。

先ほど、メールを1通送信するのに5～6分かかると述べました。

文章を考え、入力する。一度読み返して誤字を修正し、さらに失礼がない言葉遣いにすべく言葉をつけ足す……。

お客様や取引先など社外に宛てたメールならまだしも、社内メールにここまでするのは無駄だと思いませんか。


いい方法があります。

まずは、あなたのチーム内で、「件名のみメール」をOKにしていただきたいのです。

これは、「タイトルオンリー」と呼ばれる仕事術。件名の欄に用件を記入し、本文は打たないというものです。海外の企業では、すでに一般的に使われています。

件名のみのメール

【件名のみ】営業会議　A会議室15-16時　よろしくお願いします。

宛先

【件名のみ】営業会議　A 会議室 15-16 時　よろしくお願いします。

****
高橋　太郎
<MAIL> takahashi@○○○.co.jp
〒111-2222
東京都千代田区○○町 1-1-1 高橋ビル
株式会社高橋商事　営業部
<TEL> 03(0000)0000
<URL> https://…………………
****

この方法だと、1通30秒ほどでメールを送信できます。

上図をご覧ください。

このように、件名だけを入力すれば15秒で終わります。さらにアドレスを入力して送信ボタンを押すとおおむね30秒。

1通に5分かかっていたとすると、10倍のスピードです。

もちろん、内容も十分伝わります。

マネジャーからメンバー全員に提言することで、部下も件名のみメールを使いやすくなります。

また、「件名のみメール」は、送信時だけでなく受信時のストレスも軽減でき

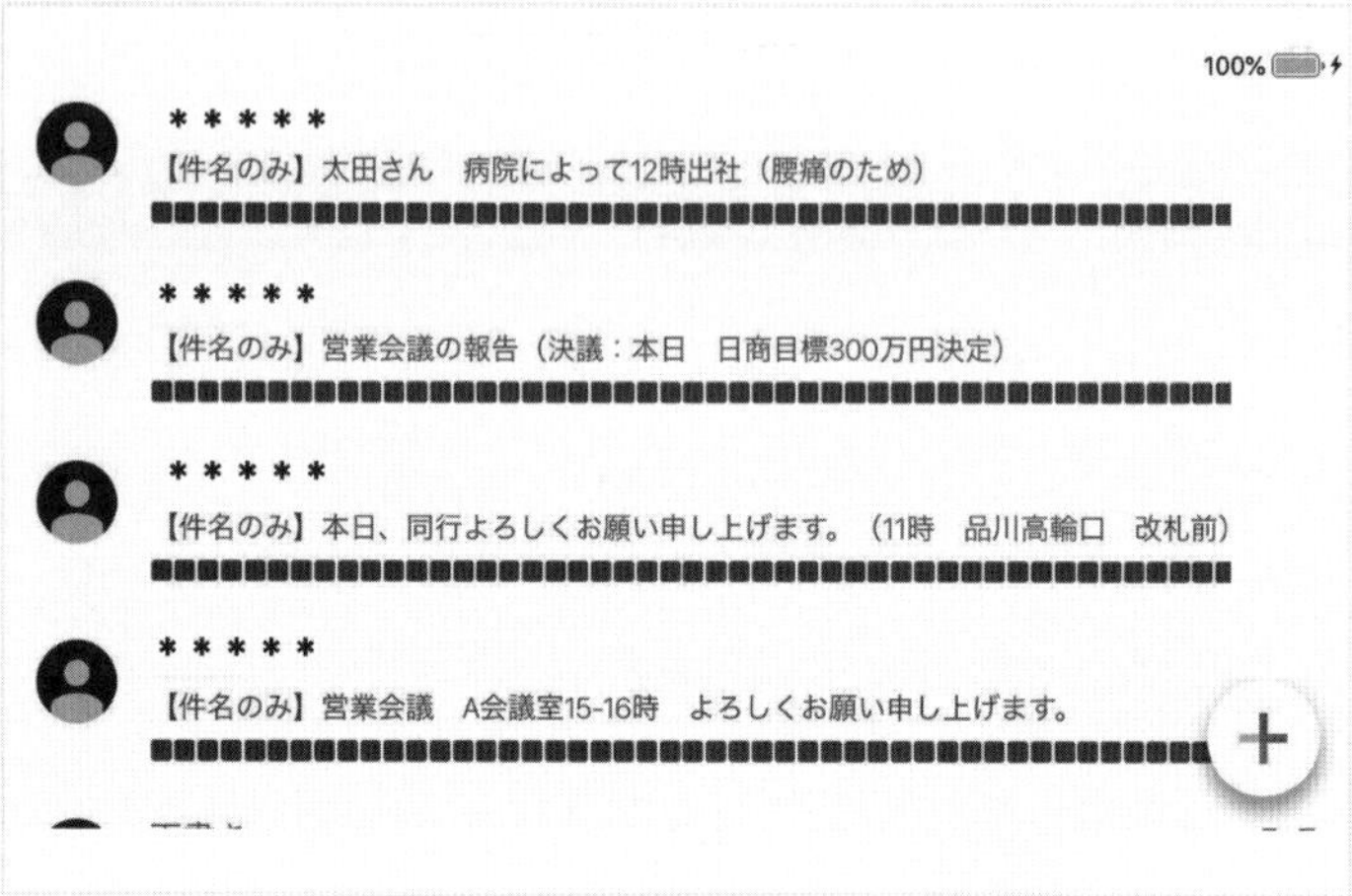
100%
＊＊＊＊＊
【件名のみ】太田さん　病院によって12時出社（腰痛のため）
[redacted]
＊＊＊＊＊
【件名のみ】営業会議の報告（決議：本日　日商目標300万円決定）
[redacted]
＊＊＊＊＊
【件名のみ】本日、同行よろしくお願い申し上げます。（11時　品川高輪口　改札前）
[redacted]
＊＊＊＊＊
【件名のみ】営業会議　A会議室15-16時　よろしくお願い申し上げます。
[redacted]
+

ます。

上図のように、受信トレイで件名のみを確認するだけでいいので、いちいちクリックして中身を開ける必要がなくなるのです。

メールを開けたとき、ダラダラと長文が書かれていると、それだけでストレスに感じるものです。

私の知る、あるプレイングマネジャーは、「それだけで恨みの感情が出てくる」とまで言っていました。

この「件名のみメール」は、そういった小さなストレスから、あなたを解放してくれることでしょう。

実際、私のクライアントである、大手旅行会社の支社（約120人）で実践していただいたのですが、大好評でした。

後日、「これほどラクになるとは思わなかった」という、うれしい声をいただきました。

私は前職時代からこの手法を奨励していますが、本当におすすめです。

ぜひ、やってみてください。

音速仕事術3

部下からの「報連相」が長くなるのを防ぐ

プレイングマネジャーは、部下から報告や相談があっても、なかなかじっくり聞く時間をとれないものです。しかし、部下はそんなことおかまいなしに事の顚末を話しはじめます。

こんなとき、「わかった、結論から言ってもらっていい？」と冷たく言ってしまうと、部下が萎縮し、次から相談にこなくなるというリスクも生まれます。

そんなときは、最初にオシリの時間を伝えるようにしましょう。

こんな感じです。

部下　：「相談があるのですが、ちょっといいですか？」
マネジャー：「もちろん！　5分しか時間がないけど大丈夫？」
部下　：「はい」

マネジャー：「では、話を聞かせてもらっていい？」

たったこれだけで問題は解決します。

「〇分しかないけど、よろしいですか？」は、社内のやりとりだけでなく、社外の人との打ち合わせなど、さまざまなシーンで使えます。

加えて、次のように最初に話の「ゴール」を決めてから話せば、さらに早くなります。

部下　　：「報告があるのですが、いいですか？」
マネジャー：「もちろん。5分しか時間がないけど大丈夫？　ところでゴールは？」
部下　　：「値引きの決裁をいただきたいと思っています」
マネジャー：「そうか、じゃ、聞かせて」

これなら、出かける直前であっても、効率的に報連相を受けられるようになります。

音速仕事術4

会議の時間を半分にする

プレイングマネジャーにとって悩ましいのは、会議の拘束時間でしょう。もし、1日に3つの会議があれば、3時間近くとられてしまいます。これでは、いろいろなことが後まわしになってしまいます。

会議を効率化する工夫は本編でもお伝えしましたが、ここではあらためて、会議の時間を半減させるワザを紹介しましょう。

①資料説明の時間をなくす（事前に資料を読み込んでくる）

会議の冒頭、資料の読み合わせをする時間は無駄でしかありません。

ですから、参加者に事前に資料に目を通してもらうよう連絡し、いきなり「では、質問のある人？」と、本題からスタートします。

こうすることで読み合わせの時間だけでなく、スライドを投影する時間も削減できます。

そのとき注意点があります。

・資料は2日前までに渡す

・読む人たちの負担を考え、資料の量を最小限にする

この2つのポイントを押さえておけば、参加者もストレスなく準備ができます。

②アジェンダごとの所要時間を決めておく

本題に入る前、アジェンダ（予定議事）を確認することは絶対です。

その際、各アジェンダの所要時間を確認しておきましょう。

こうするだけで、時間が延長することを防げます。

その際、気をつけたいことがあります。

それは、持ち込み案件の有無についての確認を冒頭で行うことです。

そうしないと、終了直前に、「そういえばこの件もいいですか……」というイレギュラーが発生し、結局時間がオーバーしてしまいます。

タイムキーパー役がいれば会議の時間オーバーを避けられる

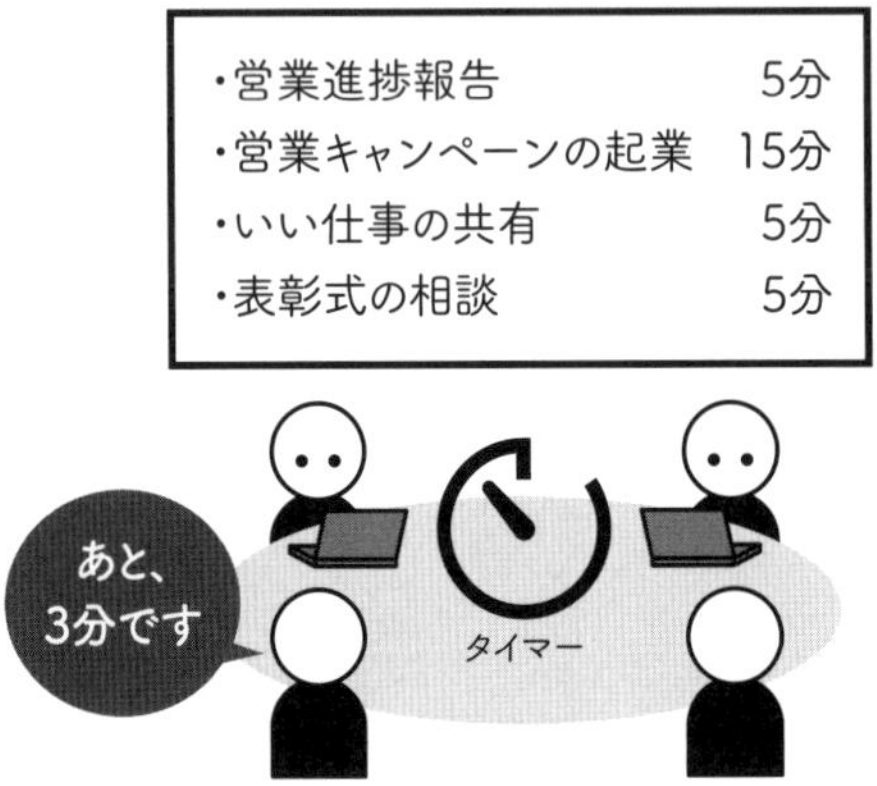

③必ず、タイムキーパーを決める

とはいえ、それでも予定時間どおりに進行しないことがあります。

ですから、会議に臨むときは、必ずタイムキーパーを決めておくようにしましょう。

タブレット端末などでタイマーを設定し、デスクの上に置いておけば、誰でも残り時間を確認することができ、非常に効果的です。

④会議の進行役を自分でしない

部下の成長や自主運営の機運を高めるために、会議の進行をナンバー2の参謀役に任せるということは本編でお伝えしました。

じつは、これにはもう1つ理由があります。

マネジャーが会議を進行すると、時間を延長してしまいがちなのです。**自分の関心のある話題に対して、必要以上に突っ込んでしまうことが多いからです。**

こんなとき、部下が「時間がないです」と言ってくれればいいのですが、部下からすると、なかなか言い出しづらいもの。

そう考えると、会議の進行を部下に任せることは、理にかなっているのです。

プレイングマネジャーにとって、会議時間の削減は、非常に効果が高い施策です。

ここで紹介したワザは、今日からできるちょっとしたことばかりです。

ぜひ、試してみてください。

会議時間が半分になれば、かなりの余裕が生まれるはずです。

音速仕事術5

作業をスピードアップする「集中タイム」

プレイングマネジャーは、自分のプレイヤーとしての業務に集中する時間をなかなかつくれないものです。

資料を作成しなければならないときでも、部下や関係部署の担当者、上司などさまざまな人から「ちょっといいですか?」と声がかかるからです。

さらに、社外の取引先からの予期せぬ電話やメールが入ることも日常茶飯事。

そのたびに作業が中断するわけですが、この中断が、あなたの集中力に非常に大きな影響を与えることをご存じでしょうか。

ニューヨーク大学のアダム・オルター教授の研究によると、**「たった一度のメールチェック(仕事の中断)をするだけで、元の集中した状態に戻すのに約25分かかる」**のだそうです。

そこで、提案です。

プレイングマネジャーは、自分自身の作業時間を確保するために、席を外して「集中する時間」を、スケジュールに組み込んでおきましょう。

ポイントは、あらかじめ確保しておくこと。

30分だけ、1時間だけと決めて、空いている会議室で執務をする。社内に場所がなければ、カフェなど外の場所で作業してもいいでしょう。

その際、注意すべきことがあります。

それは、部下に「正直に伝える」ことです。

「今日中に企画書をつくらなければいけないので1時間ほど席を外すけど、いい？場所がないので、向かいのカフェで作業しているから、何かあったらいつでも連絡ちょうだい」と。

なぜ、そこまでしないといけないのか。

じつは、私自身に失敗談があるからです。

あるとき、部下に伝えることなく事務所近くのカフェで執務をしていました。

その日は天気がよかったので、オープンスペースの席を選び、パソコンを立ち上げ、1時間程度の作業をし、「集中できた！」と満足した気持ちで事務所に戻ったときのこと、部下からこんなことを言われました。

「伊庭さん、さぼっていたでしょ。オープンカフェでラテを飲みながらゆっくりするなんて、マイペースですよね」

今では、そんなことを言う人は少ないと思いますが、コワーキングスペースもない10年ほど前のことでしたので、「カフェ＝さぼる」というイメージがあったのです。

何事もそうですが、共有していないと誤解が生じやすくなります。

どうするのがベストなのか、当時の参謀役にアドバイスを求めました。

すると、こんなことを言われました。

「マネジャーは、近くにいてくれることが重要と思っている人もいる。そういう人は、上司を学校の先生のように思っており、席にいないと〝自習〟をさせられているような気分になるんです」

そんな感覚を持っている人もいるのかと驚きましたが、それは人それぞれ。

さらに、こんなことも言われました。

「前任が専任マネジャーだったこともあり、部下たちはマネジャーの不在に慣れていないんです。なので、なおさら情報は包み隠さずに共有しておいたほうがいいと思います」

「マネジャーは、思った以上に見られている」ということは自覚していましたが、学校の先生のような基準で考えている人がいる、ということまでは知りませんでした。何事も共有が大事だと反省した出来事でした。

まとめましょう。

集中したいときは、席を外して、1時間でも自分の時間を持つことが得策です。マネジャーだからといって、つねに席にいなければならない、ということはありません。むしろ、事務所にずっといることがいいとは言えないこともあります。

ぜひ、自分だけの「集中タイム」を予定に入れておきましょう。それだけでも、ずいぶんと時間に余裕ができるようになります。

ただし、情報共有だけはお忘れなく。

音速仕事術6

"思いつき"を口にしない

細かいことを言い出しはじめると、仕事にキリがなくなります。

「この資料のフォントは明朝体のほうがいいのでは?」

「この勉強会の資料に、経営理念を入れておくのはどうかな?」

こうやって、少し注文をつけるたびに、部下の仕事が増えていきます。

マネジャーが軽い気持ちで口にしたことが、部下にとっては「指示」に聞こえることは多いもの。そのせいで、無駄なやり直しが発生することも多いのです。

たとえば、あなたの部下が「営業基礎研修」というタイトルの研修を企画したとしましょう。そこで、マネジャーがこう言います。

マネジャー：「もう少し、新人研修らしいタイトルのほうがいいのでは？」
部下　　　：「わかりました。3つ程度考えて、またメールで報告するようにします（部下は1時間程度かけて6案考え、3つに絞りメール）」
部下　　　：「これでいかがでしょう？」
マネジャー：「2つ目の『フレッシュ営業研修』がいいのでは？」
部下　　　：「わかりました」

いかがでしょう。部下だけでなく、マネジャーの仕事も増えています。

よく考えてみてください。「営業基礎研修」と「フレッシュ営業研修」、効果に差はあるのでしょうか。自分の好みや思いつきだけで言っているのではないでしょうか。

もちろん、部下ができる人ならこうはなりません。営業基礎研修の意味を語れば、マネジャーも理解できるからです。

でも、そんな部下ばかりではないのが実情でしょう。

ちょっとした思いつきは口に出さない。これも、仕事をスピードアップするためのワザです。ぜひ、注意してみてください。

音速仕事術7

「返事」を先延ばししない

マネジャーが受ける相談は、急ぎの返事を求められるものがほとんど。スピーディに判断しないと、部下からの信頼を失いかねません。

とはいえ、思いつきや蛮勇での決断は、リスクでしかありません。

大事なことは、「手離れ」の速さです。

じつは、返事をするときは、必ずしも答えを出さなくてもいいのです。これを理解していれば、返事を先延ばしにすることが少なくなります。

まず、次の3つの選択肢で考えるようにしてください。

①即決する
②期限を設けて返事をする
③今は決めない

では、詳しく説明しましょう。

①即決する

今すぐ返事できることはその場で返事をし、仕事を溜めないようにしましょう。

時間調整に関する相談などは最たる例です。

「またメールでやりとりをしましょう」では遅すぎ。その場で決めてください。

つい先延ばししてしまうという人は、1時間待たせるごとに相手の機会を奪っていると考えましょう。1日あたり1万円の「お待たせ料」を払うくらいの感覚を持つことも重要です（実際は払いませんが）。

時間調整の判断を先延ばししないことは、自分自身のスケジューリングにも好影響を与えますので、一石二鳥です。

②期限を設けて返事をする

もちろん、今すぐ返事をすることができないことも多々あります。

判断によって組織に影響を与えてしまうことなどは、慎重に決めなければなりません。

そんなときは、「返事の期限」を伝えましょう。

ダメなのは、「一度、検討の時間をちょうだい」という返事。

相手のスピード感によっては、これだけで信頼を失ってしまいます。

たとえば、部下から「お客様と提携を進めたいと思っているのですがどうでしょうか？」と聞かれても、当然即決できません。

こんなときは、「来週の月曜日まで返答を待ってもらっても大丈夫？」と返事をすれば、手離れできます。

これだけで、部下とお客様、両方のストレスを予防することができるでしょう。

③今は決めない

なかには、今判断する必要のない案件もあります。

たとえば、部下から研修をするべきかどうかの相談をもらったとしましょう。

こんな緊急性のない相談のときは、「長い目で見れば必要だと思う。ただ、今期の優先順位を考えると、ほかのことに投資をしたいので、下半期になるタイミングで検討するのはどうかな？」と答えましょう。

ポイントは、うやむやにせず、具体的な検討時期を伝えること。これだけで、手離れがよくなります。

「また、考えてみるね」というあいまいな表現では、誰も納得してくれません。

さて、まとめましょう。

プレイングマネジャーは、どんなに忙しくても、即断を求められることが多いものです。だからと言って、なんでも即決してしまうのは危険です。

とはいえ、返事を先延ばしすると、優柔不断だと思われるだけでなく、チャンスも失うことになります。さらに、よけいな時間をかけることにもつながります。

大事なことは「**期限を明確にして、手離れをよくする**」ことなのです。

即断と即決は違います。

「今は決めない」という回答も含め、手離れをよくすること、これも「即断」です。

ぜひ、相談を滞留させず、どんどん手離れさせていきましょう。

おわりに

最後まで読んでいただき、ありがとうございます。

じつは、「プレイングマネジャー向けの基本書」を書くお話をいただいたとき、私のなかに少し迷いがありました。なぜなら、マネジメント業務と個人の業務を兼務することの弊害を知っているからです。

「マネジャーは、マネジメント業務に専念すべき」これが私の偽らざる気持ちです。

本来、マネジャーは、戦略や効果的なKPIの見直しなど、先々のことを考えた仕事をしなければなりません。しかし、多忙を極めるプレイングマネジャーは、目先の進捗確認やトラブルシューティングに翻弄され、本来やらなければならない仕事にまったく手をつけることができない、ということも少なくありません。

それでも、私が本書を書くことにした理由は1つです。

それは、プレイングマネジャーは、専任マネジャーにはできないダイナミックな成

果を上げることのできる立場でもあるからです。

実際、私はそのようなプレイングマネジャーを数多く見てきました。

本書でも、そんな事例を紹介してきましたが、彼らに共通することがあります。

それは、「大胆さ」です。

プレイングマネジャーが、マネジメント業務をしっかり行うには、「大胆に部下に仕事を任せる」、「大胆に業務を効率化させる」といった決断が不可欠です。それができれば、専任マネジャー以上の成果を出すことができるのです。

その「大胆な決断」に向けて、背中を押す1冊になれば……。

これが、私が本書に込めた思いです。

「大胆な決断」は、たんなる思いつきではなく、設計があってはじめて成果に結びつきます。そこで本書では、忙しいプレイングマネジャーでも、すぐに着手できる設計のレシピを紹介しました。

部下の力を借り尽くせば、「メンバーが勝手に動く最高のチーム」をつくることができます。その結果、飛躍的な業績を出すことができるようになるのです。

ぜひ、本書で紹介したノウハウを2つでも、3つでもいいので、日々の仕事に取り入れてみてください。

きっと、慌ただしい日常から解放され、プレイングマネジャーにしかできない現場発想の新たな挑戦ができるはずです。

この本があなたの挑戦への一助になれば、これほどうれしいことはありません。

著　者

【著者紹介】

伊庭　正康（いば・まさやす）

◉——株式会社らしさラボ代表取締役。1969年京都生まれ。1991年リクルートグループ入社。４万件を超える訪問営業を通じて学んだ、「無駄な行動を徹底的に省き、期待を超える行動のみに集中する」というポリシーで、９割を超えるリピートと、平均の10倍の紹介数を獲得。残業をいっさいせずに、プレイヤー部門とマネジャー部門の両部門で年間全国トップ表彰を４回受賞するなど、累計40回以上の社内表彰を受ける。その後、営業部長、株式会社フロムエーキャリアの代表取締役を歴任。

◉——2011年、企業研修を提供する、株式会社らしさラボを設立。短時間で圧倒的な成果を上げるため、成果が上がらない原因になっている仕事の無駄や、思い込みを徹底的に洗い出し、それらを捨てることの大切さを説くべく、自ら年間200回を超える研修をさまざまな業種の企業に提供している。なかでも、本書の元となったプレイングマネジャー向けの研修は、95%という驚異的なリピート率を誇り、これまで1万2000人以上が受講。大手企業を中心とするクライアントから厚い信頼を得ている。

◉——著書に、『面倒な“やりとり”がシンプルになる仕事のコツ48』（小社）、『残業ゼロの人の段取りのキホン』（すばる舎）、『強いチームをつくる！ リーダーの心得』（明日香出版社）など多数。

YouTube「研修講師伊庭正康のビジネスメソッド」もスタート

プレイングマネジャーの基本《きほん》　〈検印廃止〉

2019年７月８日　第１刷発行
2021年６月１日　第６刷発行

著　者——伊庭　正康
発行者——齊藤　龍男
発行所——株式会社かんき出版
東京都千代田区麹町4-1-4 西脇ビル　〒102-0083
電話　営業部:03(3262)8011㈹　編集部:03(3262)8012㈹
FAX　03(3234)4421　振替　00100-2-62304
http://www.kanki-pub.co.jp/

印刷所——ベクトル印刷株式会社

 ISBN978-4-7612-7429-0 C0030